Detlef D! Soost

Heimkind
Neger
Pionier

Detlef D! Soost
mit Anne Ascher

HEIMKIND NEGER PIONIER

Mein Leben

Wunderlich

1. Auflage Januar 2005

Satz aus der Palatino PostScript (QuarkXPress 4.1)
bei KCS GmbH, Buchholz / Hamburg
Druck und Bindung Clausen & Bosse, Leck
Printed in Germany
ISBN 3 8052 0791 3

Meinen beiden Müttern,
Erna Soost und Hannelore Osei Kofi.

«Yo, listen up, here is the story …»

Eiffel 65

4. Juli 1999.

Ich habe es geschafft. Innerhalb von 24 Stunden habe ich nicht nur die Choreographie eines hitverdächtigen Songs auf die Beine gestellt – nein, mein gesamtes Leben hat eine unglaubliche Wendung genommen. Der Moment ist gekommen, wo all die Anspannung von mir abfallen könnte, doch nichts passiert. Wieso kann ich es nicht genießen? Vor gar nicht allzu langer Zeit saß ich mit einem unüberschaubaren Schuldenberg allein in meiner Wohnung. Vorgestern noch hoffte ich, dass mich irgendjemand anrief, um mir zu meinem 29. Geburtstag zu gratulieren. Heute klingelt mein Telefon pausenlos. Sie bewundern mich: «Großartig», «noch nie erlebt», «Superjob», «professionell schnell», «einmalig». Ich höre, was sie sagen, die einzelnen Worte verstehe ich, doch die Lobeshymnen kommen nicht bei mir an. Ich kann mich nicht über meinen Erfolg freuen.

So fing alles an: Das Telefon klingelte. Neugierig, wer mir denn endlich zum Geburtstag gratulieren würde, hob ich ab. Philip Eisenberg, der Produktmanager der Musikfirma BMG, war am Apparat. «Kannst du eine Choreo machen?» Was für eine Frage. «Na klar», antwortete ich und musste nicht lange auf die Details warten. Ohne Zögern rückte Philip mit der Sprache raus und brachte den entscheidenden Nachsatz: «Du hast aber nur 24 Stunden Zeit, in einem Tag muss alles fertig sein. Choreo, Kostüme, Tänzer, Reiseorganisation. Ist für die RTL-Sendung ‹Top of the Pops›.» Ich schluckte, ließ mir aber nichts anmerken. Mit viel Mühe versuchte ich, meine Stimme zu kontrollieren, und sagte betont sachlich: «Kein Problem.»

Als ich aufgelegt hatte, wurde mir für einen Augenblick schwindlig: Wo sollte ich in so kurzer Zeit Tänzer herbekommen? Und was nehme ich für Kostüme? Natürlich musste es was ganz Besonderes sein. «Noch nie gesehen», wie Philip Eisenberg betont hatte. Auch eine Choreographie – «irgendwie spacig» lautete die Forderung – musste ich mir noch ausdenken. Und diese dann mit den Tänzern einstudieren.

Mir blieb wirklich keine Zeit zum Angsthaben.

Damals hatte ich noch nicht wie heute ein funktionierendes Netzwerk und mehrere Mitarbeiter; ich war vollkommen auf mich allein gestellt. Aber ich witterte die Gelegenheit. Ich wollte das schaffen, und ich würde das schaffen.

Ich begann zu telefonieren, dachte nach und tanzte. Ich wuchs über mich hinaus, und das Unmögliche wurde möglich. Am nächsten Tag, 24 Stunden später, war die Fernsehperformance fertig und meine Tänzer konnten nach Köln zu «Top of the Pops» fahren.

Sie tanzten für die damals noch relativ unbekannte italienische Band «Eiffel 65». Gleich nach diesem Fernsehauftritt bei «Top of the Pops» landete die Band auf Anhieb mit ihrem Song «Blue» auf dem ersten Platz der Charts. Mein erster Nummer-eins-Hit. In Windeseile wurde «Blue» der Sommerhit des Jahres 1999, und bei mir blieb nichts, wie es war. Es ging aufwärts. Endlich hatte ich erreicht, wovon ich so lange geträumt habe.

Der Schweiß der vergangenen Jahre hatte sich gelohnt. Mein Weg, auch wenn er nicht geradlinig war, hatte doch zum Ziel geführt: Ich konnte etwas, was andere Menschen begeisterte. Ich verdiente Geld damit. Ich wurde anerkannt.

Würde mein Leben nun in ruhigere Bahnen kommen? Würde ich endlich zu mir selbst finden? Ich wollte es so gern genießen. Aber in mir passierte nichts. Um mich herum überschlugen sich die Ereignisse, ich konnte mich vor lukrativen Angeboten kaum retten, doch ich fühlte kein Glück. Immer wieder horchte ich in mich hinein und wartete auf das kindliche Gefühl der Freude, auf das Kribbeln im Magen und die angenehm wohlige Leichtigkeit im Herzen. Aber in mir war absolut kein Glück zu finden.

Was ist los mit mir?, fragte ich mich. Wieso stehe ich immer unter dem Druck, mich beweisen zu müssen, und kann nie zufrieden sein? Wo bleibt das Gefühl, angekommen zu sein?

An diesem Punkt begann ich zu ahnen, dass ich einmal etwas verloren habe, das ich nur wiederfinden werde, wenn ich mich mit meiner Vergangenheit auseinander setze.

Aber auch heute noch überfällt mich Panik, wenn ich über mein Leben nachdenke. Ich spüre plötzlich wieder die Scham des Kindes Detlef. Dieses Kind ist anders, es ist schwarz, ein «Neger», wie sie damals noch gerufen haben.

Diesem Kind ist es peinlich, dass es nicht weiß, wer sein Vater ist.

Dieses Kind muss für Jahre ins Kinderheim.

Dieses Kind wird von seiner eigenen Mutter nicht mehr erkannt.

Auch wenn ich, dieses Kind, inzwischen längst erwachsen bin, verfolgt mich noch immer der Makel meiner Kindheit. Denn so empfinde ich es. Sobald ich versuche, mich zu erinnern, wehrt sich alles in mir. Ich fürchte, die «dunklen Flecken» meines frühen Lebens könnten einen Schatten auf mein jetziges, so mühsam erarbeitetes Leben werfen.

Doch meine damalige Freundin hat immer wieder nach meiner Kindheit gefragt, und jedes Mal bin ich ausgewichen. Einmal, zu Weihnachten, als sie dachte, es sei eine gute Gelegenheit, mal wieder nachzuhaken, wollte sie wissen, was ich für Erinnerungen an Weihnachten in meiner Kindheit habe. Den Rest dieses «heiligen» Abends habe ich auf dem Klo verbracht. Heulend.

Es ließ sich auch vor mir selber nicht mehr verbergen: Mit meiner Vergangenheit hatte ich ein Problem. Doch Ines gab nicht auf und überzeugte mich schließlich von der Notwendigkeit, mich meiner Kindheit zu stellen: «Ohne Vergangenheit keine Zukunft», erklärte sie, und «Du musst doch wissen, wo deine Wurzeln sind».

Manchmal, wenn ich mich stark genug fühlte, versuchte ich mich zu erinnern. Aber schon in den Anfängen scheiterte dieses mutige Vorhaben jedes Mal, denn mir fiel nur so wenig ein. War es Selbstschutz? Manchmal hatte ich das Gefühl, aus einem großen schwarzen Loch zu kommen. Selbst die wenigen hellen Flecken der Erinnerung verschwanden sofort in einer Nebelwolke, wenn ich versuchte, mich ihnen zu nähern.

Das Einzige, worauf ich mich bei meinen Gedanken an

früher verlassen konnte, war das stets aufkommende Gefühl von Scham und Peinlichkeit. Ich schämte mich, ein «Neger» zu sein. Auch wenn dieses Wort in meiner Kindheit nicht unbedingt ein Schimpfwort war, so sonderte es mich doch von den anderen ab und bewies mir, dass an mir etwas nicht normal war.

Obendrein wurden wir Heimkinder von manchen Menschen als «sozialer Abschaum» diffamiert und als solcher behandelt. Sie wollten nichts mit uns zu tun haben. Und wieder musste ich mit dem Gefühl leben, dass an mir etwas nicht normal war.

Aufgewachsen bin ich in der DDR. In der Schule wurde ich ein Pionier, und später trat ich in die FDJ, die Freie Deutsche Jugend, ein – wie fast alle Kinder meiner Generation. Die DDR war meine Heimat. Dass es in den Augen vieler Wessis ein Makel war, ein «minderbemittelter Ostler» zu sein, wurde mir nach dem Mauerfall so manches Mal deutlich gemacht.

Aber Pionier bedeutet noch etwas anderes: Pionier heißt «Wegbereiter». Ich möchte auch das sein. Ich möchte vielen Menschen Mut machen, ihren Träumen zu folgen. Vielleicht gelingt es mir, dem einen oder anderen zu zeigen, dass es mit eisernem Willen und mit harter Arbeit gelingen kann, seine Träume zu leben, wenn man akzeptiert, wer man ist. Ich habe diesen Schritt getan.

Ich bin Heimkind, Neger, Pionier.

Ich bin Detlef D! Soost.

«DER IS NICH VON DIR»

Als meine Mutter mit mir schwanger war, hat sie bis zuletzt gehofft, dass ich nicht der werde, der ich nun bin. Obwohl sie schon gleich nach der Geburt sah, dass ihre Hoffnung vergebens gewesen war, versuchte sie doch, es zu verbergen. Noch auf dem Weg von der Entbindungsklinik nach Hause ließ sie sich von ihrem Mann ins Pankower Rathaus zum Standesamt bringen. Dort gab sie mir den unverdächtig klingenden deutschen Namen «Detlef» und ließ ihren Ehemann Günter als meinen Vater in die Geburtsurkunde eintragen.

Der war richtig froh über einen Sohn. Mit mir und meiner damals achtjährigen Schwester Evelyn schien die kleine Familie perfekt. Doch die Zeit blieb nicht stehen. Wie alle Babys brüllte ich gelegentlich, doch wurde ich dabei nicht rot, wie die anderen, sondern färbte mich braun. Mit jedem Tag wurde ich dunkler, und nach ein paar Wochen war es nicht mehr zu übersehen: Ich war anders. Als dann die Verwandten zu Besuch kamen, um das neue Kind zu bewundern, wurde es schließlich ausgesprochen. Günters Mutter sah mich, blickte ihren Sohn ruhig an und sagte trocken: «Der is nich von dir.»

Das war 1970. Zu diesem Zeitpunkt lebte meine Mutter schon einige Jahre mit ihrem Mann Günter Soost und der gemeinsamen Tochter Evelyn in Wilhelmsruh, einem Ortsteil von Pankow im Norden Berlins. Sie bewohnten zweieinhalb winzige Zimmer in einem Neubau, der nur für Arbeiter vom VEB «Bergmann-Borsig» gebaut worden war. Günter, der Mann meiner Mutter, war Turbinenschlosser bei «Bergmann-Borsig», gleich nebenan. Meine Mutter war gelernte Schneiderin, arbeitete aber als Verkäuferin in einem kleinen Strumpfladen unter der Brücke am Bahnhof Friedrichstraße. Nach Feierabend nähte sie in Heimarbeit auf ihrer alten Singer-Nähmaschine Regenmäntel für die Armee oder so genannte Kulturtaschen. Da saß sie dann im Wohnzimmer und nähte, bis ihre Augen vor Müdigkeit zu tränen begannen. Günter wollte unbedingt ein Auto haben. Dafür arbeitete meine Mutter unermüdlich, und auch er schuftete in drei Schichten.

Irgendwann konnten sie sich zwar einen Trabant leisten, aber durch die viele Arbeit und ihre unterschiedlichen Arbeitszeiten hatten sie kaum noch Zeit füreinander – Günters Schichten und die Öffnungszeiten des Ladens passten nur so selten zusammen. Umso mehr freute sich meine Mutter, wenn sie mal früher Feierabend machen konnte und nicht erst in der Dunkelheit nach Hause kam, wenn Günter sich schon wieder auf den Weg zur Nachtschicht machen musste. An so einem Tag saß sie voll Vorfreude auf ihre Tochter und ihren Mann im Bus auf dem Weg nach Hause. Sie malte sich die Überraschung der beiden aus und freute sich schon jetzt auf die gewonnenen Stunden mit ihrer Familie. Heutzutage hätte sie angerufen und Bescheid gesagt, dass sie eher kommt. Hätten sie Telefon gehabt oder hätte es schon Handys gegeben, vielleicht wäre alles ganz anders gekommen… Aufgekratzt betrat meine Mutter die Wohnung und erschrak im gleichen Moment. Sie spürte sofort, dass etwas fremd war. Einen Moment verharrte sie, lauschte, dann folgte sie den Geräuschen bis ins Schlafzimmer und musste mit ansehen, wie sich ihr Mann mit einer anderen Frau in ihrem gemeinsamen Ehebett vergnügte.

Es war ein Albtraum für meine Mutter. Niemals hätte sie es für möglich gehalten, dass Günter sie betrügt. In ihrer eigenen Wohnung, in ihrem eigenen Bett – dem allerintimsten Ort einer jeden Ehe. Es war wie ein Schlag ins Gesicht.

Und mit diesem Schlag zerbrach etwas in ihr. Nichts würde mehr so sein wie früher. Das Bild, das sie von ihrer idyllischen Kleinfamilie gehabt hatte, zerfiel in tausend Stücke. Günter war ihre erste Liebe gewesen. Für ihn hatte sie alles gegeben, sich geopfert. Diese Liebe war ihr so wichtig gewesen, dass sie ihre Eltern und Geschwister in den Westen ziehen ließ, ohne mitzugehen. Sie blieb allein in der DDR, bei Günter. Ihr Mann und ihre Tochter waren ihr Leben.

Immer öfter behauptete sie nun, dass «Inventur» im Geschäft gemacht werden müsse und sie deshalb länger gebraucht würde. Doch in Wahrheit versuchte sie, die bittere Enttäuschung zu vergessen, und stürzte sich Hals über Kopf in eine Affäre. Bisher hatte sie alle Verehrer, und davon soll sie viele gehabt haben, abgewiesen. Sie war doch glücklich mit ihrem Günter gewesen, was sollte sie da mit anderen Männern? Aber die geplatzte Illusion machte sie offen für die Avancen anderer. Und als Guggisberg Osei Kofi ihr immer wieder hinreißende Komplimente machte, wollte sie nicht mehr widerstehen.

Der junge Medizinstudent aus Ghana kaufte regelmäßig seine Strümpfe bei ihr und flirtete dabei mit den jungen Verkäuferinnen. Eines Tages fragte er meine Mutter ganz unverblümt, wann sie denn Feierabend hätte. «Ich würde Sie gern kennen lernen», sagte er mit seinem charmanten Akzent. Meine Mutter schlug unsicher den Blick nieder. Sie war noch nie zuvor mit jemand anderem als ihrem eigenen Mann ausgegangen. Ihre Kollegin Brigitte ermunterte sie mit einem Stoß in die Rippen. Sie ließ sich schon manchmal von Kunden einladen, am liebsten von denen aus dem Ausland. «Los, nu trau dich, der ist doch ganz schick», flüsterte sie meiner Mutter zu. Und tatsächlich überlagerte der Gedanke an ihre Enttäuschung und an den Verrat ihres Mannes alle Zweifel. Sie ließ sich von der Ausstrahlung dieses höflichen und charismatischen Schwarzen beeindrucken. Sie war neugierig auf diese ungewöhnliche Gelegenheit. Warum sollte sie nicht auch mal das Leben genießen? Was war denn schon dabei, und was konnte schon passieren?

Der gut aussehende Mann führte meine Mutter zum Tanzen aus, mal ins «Lindencorso» oder mal ins «Hotel Sofia». Damals gab es in Berlin nur wenig Ausländer, sodass er schon wegen seines Aussehens auffiel. Doch vor allem waren sie ein traumhaftes Tanzpaar. Die beiden tanzten so wunderbar miteinander, dass man sich erzählt, sie hätten sogar Wettbewerbe gewonnen. Meine Mutter, die vom Lande kam, hatte einen besonders schwungvollen Stil, den der kräftige Guggisberg Osei Kofi elegant führen konnte.

Sie tanzten und schwebten gerade ein paar Wochen, als meine Mutter bemerkte, dass sie von ihm schwanger war. Plötzlich schien der schöne Traum, in den sie sich geflüchtet hatte, zu Ende. Ein bitteres Erwachen. Was sollte sie tun? Beide waren so benommen gewesen von dem rauschhaften Glück ihrer gemeinsamen Stunden, dass sie sich über die Zukunft keine Gedanken gemacht hatten. Meine Mutter kannte ihren Tanzpartner ja kaum. Alles, was sie wusste, war, dass er zum Studieren in die DDR gekommen war. An ein Leben mit ihm war nicht zu denken. Das ging auch gar nicht, schließlich hatte sie Günter und mit ihm eine gemeinsame Tochter. Aber sie hatte natürlich Angst, ihrem Ehemann den Seitensprung zu beichten. Sie war der Verzweiflung nahe. Wie sollte das funktionieren? Ein Kind von einem Fremden? Dazu noch von einem Schwarzen! Ihre Gedanken kreisten nur noch darum, wie sie das Kind in ihrem Bauch loswerden konnte. 1969 waren Abtreibungen in der DDR noch nicht erlaubt, sie hatte keine andere Wahl, als Guggisberg um Hilfe zu bitten. «Du musst das doch wissen», bat sie. «Du als Arzt musst doch wissen, wie man das macht!» Also brachte er ihr Chinin. Obwohl es heißt, dass dieses Gift die Wehen einleitet und das Kind dadurch verloren geht, ist nichts passiert. Ich saß fest in meiner Höhle, und meine Mutter musste mich behalten.

Erst 34 Jahre später, im Sommer 2004, habe ich diese Geschichte von Tante Brigitte erfahren. Sie war die beste Freundin meiner Mutter. Neben meiner Schwester Evelyn ist Tante Brigitte heute die Einzige, die mir etwas über meine Kindheit berichten kann. Von ihr weiß ich, was meine Mutter für eine Frau war und vor allem, was für ein Verhältnis sie zu meinem Vater hatte.

Durch ihre Erzählungen formt sich langsam ein Bild, Stück für Stück setze ich das Puzzle zusammen. Einerseits will ich alles wissen. Doch ich kämpfe gleichzeitig mit der bloßen Angst. Angst davor, das Gefühl meiner Kindheit wieder zu spüren, als mich keiner wollte. Mich beherrscht die Furcht, dass die Vergangenheit in mein jetziges Leben eindringt und mir alles, was ich mir erarbeitet habe, zerstört. Doch ich habe mich entschlossen, so viel wie möglich über meine Familie zu erfahren, denn ich will endlich in der Gegenwart ankommen.

Ich habe meinen Mut zusammengenommen und Brigitte nach über 20 Jahren, in denen wir keinen Kontakt hatten, besucht, um mir etwas über mein Leben erzählen zu lassen. Schon nach den ersten Minuten zitterten mir die Knie und ich wäre am liebsten weggelaufen. Aber genau diese immer wiederkehrende Reaktion, dass ich vor meiner eigenen Vergangenheit flüchte, wenn sich eine noch so kleine Tür zu ihr zu öffnen droht, wollte ich endlich durchbrechen. Ich zwang mich, zu bleiben und zuzuhören.

Als Brigitte mir erzählte, dass meine Mutter mich abtreiben wollte und mein Vater ihr sogar dabei half, bin ich völlig zusammengebrochen. Auf welcher Grundlage stand meine Existenz? Ich hatte Eltern, die sich in einen Rausch getanzt und sich miteinander in ein Abenteuer gestürzt hatten. Eltern, die nie Eltern werden wollten. Eltern, die nie ein Kind names Detlef wollten.

Obwohl mir Tante Brigitte versicherte, dass meine Mutter mich später trotzdem geliebt hat und dass sie sogar froh war, dass es mich gab, habe ich mich die ganze folgende Nacht schweißgebadet im Bett gewälzt. Mit den Fäusten habe ich an die Wände geschlagen und nach meiner Mutter gerufen. Ich brüllte gegen das Gefühl der Schuld an, das ich seither nicht wieder losgeworden bin. Auch wenn mir mein Verstand immer wieder sagt, dass ich doch nichts dafür kann, dass es mich gibt, zermürbt mich das Gefühl, ich könnte das Leben mehrerer Menschen zerstört haben.

Zurück ins Jahr 1970. Als nun nicht mehr zu leugnen war, dass ich dunkler als andere war und mein Vater offensichtlich ein Schwarzer sein musste, brach die Familie auseinander.

Es muss schrecklich für alle Beteiligten gewesen sein. Ich stelle mir die Verzweiflung meiner Mutter vor; male mir Günters Wut und seinen gekränkten Stolz aus. Ich denke daran, wie verwirrend das alles für Evelyn gewesen sein muss. Und dazwischen ein Säugling, der großäugig und nichts ahnend in die Welt blickte, die er noch nicht verstand.

Günter zog empört aus und reichte die Scheidung ein. Ich bekam eine neue Geburtsurkunde, in der das Feld «Vater» freigelassen wurde. Und meine Schwester verstand die Welt nicht mehr. Jahrelang hatte sie den Klapperstorch um Geschwister angebettelt, sogar Zucker auf das Fensterbrett gestreut. So viel, dass meine Mutter sie oft wegen der Verschwendung ausschimpfte. Und als ich nun endlich da war, wurde alles anders. Den kleinen Bruder bezahlte sie mit dem Verlust ihres Vaters.

Von da an lebten wir zu dritt. Auch wenn ich der

Grund für die Unruhe und das Zerbrechen ihrer Ehe gewesen bin – meine Mutter war doch auch ein wenig stolz auf mich. Einerseits schämte sie sich zwar für ihren Seitensprung mit einem Schwarzen. Doch andererseits war sie nun auch etwas Besonderes. Sie hatte ein Kind, das anders aussah, als alle anderen. Vielleicht genoss es meine Mutter ein wenig, dass wir auffielen. Noch konnte ja niemand ahnen, dass dieser schüchterne Stolz eines Tages einer unbezwingbaren Panik weichen würde, die meine Mutter letztendlich zerstörte. Die Nachbarn tratschten über diese überraschende Wendung in unserer Familie – denn niemand hatte meine Mutter jemals mit einem Schwarzen gesehen. Irgendwann schlug die Neugier in Bewunderung um, schließlich war ich das einzige dunkelhäutige Kind in der Siedlung. Immer wieder baten die Leute, mich mal anfassen zu dürfen; vor allem meine Locken beeindruckten. Das hat sich auch während meiner gesamten Kindheit nicht geändert – manchmal fühlte ich mich wie ein Äffchen im Zoo, das alle füttern wollen.

Meinen Vater, Guggisberg Osei Kofi, traf meine Mutter nach meiner Geburt nur noch einmal am Bahnhof Friedrichstraße. Es war eine sehr kurze Begegnung. Sie war kaum eine halbe Stunde weg gewesen, als sie völlig aufgelöst mit dem Kinderwagen in den Strumpfladen stürmte. Brigitte erinnert sich bis heute, wie meine Mutter wütend schrie: «Eher soll er erblinden, als dass er jemals wieder sein Kind sehen wird.»

Keiner weiß, was zwischen den beiden vorgefallen ist. Vermutlich erfuhr sie an diesem Tag, dass mein Vater schon längst verheiratet war und mit seiner Frau ebenfalls einen kleinen Sohn, meinen Halbbruder Stokely, hatte. Danach haben sich Guggisberg Osei Kofi und Erna Soost nie wieder gesehen. Mein Vater hat sich nie zu mir bekannt, sondern immer geleugnet, dass es mich gibt.

«SIE WIRD ES IMMER WIEDER TUN»

Die Freude meiner Schwester Evelyn über mich währte nicht lang. Sie musste nicht nur ihr kleines Zimmer mit mir teilen, sondern sich nun ständig um mich kümmern. Vor der Schule brachte sie mich in die Kinderkrippe, nachmittags holte sie mich dort wieder ab. Meine Mutter hatte dazu keine Zeit, denn sie musste arbeiten. Sie war ja jetzt allein dafür verantwortlich, unsere Familie über die Runden zu bringen.

Immerzu war ich dabei, wenn Evelyn mit ihren Freundinnen spielen wollte. «Musst du immer deinen kleinen Bruder mit dir rumschleppen?», fragten die andern Kinder. Aber zum Spielen war sowieso kaum noch Zeit, weil Evelyn auch für uns kochen musste. Einmal war sie so wütend darüber, dass sie mir beim Füttern in den Brei spuckte. Das hat sie mir Jahre später bei meiner Jugendweihe gestanden.

Meine Mutter versuchte, Arbeit, Haushalt und Kinder so gut wie möglich unter einen Hut zu bringen, doch ihre Kräfte schwanden zusehends. Schon vor meiner Geburt hatte sie ein merkwürdiges Misstrauen entwickelt, das jetzt richtig aufblühte. Oft stand sie da, den Kochtopf wie ein Hörrohr an die Leitungsschächte gedrückt, und behauptete, Stimmen zu hören. Ständig fand sie Gründe, um über die Nachbarn zu zetern, besonders an der Familie

Schulze, die in der Wohnung unter uns wohnte, ließ sie kein gutes Haar.

Ein Funke der Erinnerung glüht auf, wenn ich an Schulzes denke. «Da, denen muss man vor die Tür spucken, die haben es nicht besser verdient, die reden schlecht über uns», sagte meine Mutter verächtlich, immer, wenn wir an Schulzes Wohnung vorbeikamen, und sie forderte mich dazu auf, zu spucken. Ich konnte mir nie erklären, wozu, aber ich habe natürlich gemacht, was Mama von mir verlangte.

Erst kürzlich, als ich auf der Erinnerungssuche mal unser altes Wohnhaus in Wilhelmsruh ansehen wollte, traf ich Herrn Schulze wieder. Er hat mich sofort erkannt und mich in seine Wohnung gebeten. Er lachte, als ich ihm von dieser Episode erzählte: «Sogar vor die Schiedskommission hat sie mich gebracht», erzählte er. Da saß ich nun, ein halbes Leben später, bei diesem Mann zu Hause und hörte die Erklärung für das seltsame Verhalten meiner Mutter vor Schulzes Wohnungstür: Bei einem fröhlichen und ziemlich lauten Skatabend in den siebziger Jahren schmiss Herr Schulze irgendwann mit einem «Jetzt kommt die olle Sau auf den Tisch» seinen Kreuzbuben ab. Meine Mutter, die wieder einmal mit ihren Töpfen am Leitungsschacht stand und lauschte, verstand: «Jetzt geht die olle Sau ins Bett» und fühlte sich, warum auch immer, angesprochen. Sie war zutiefst beleidigt. Daraufhin beschwerte sie sich bei der Schiedskommission. Das war so eine Art Konfliktgericht des Wohnviertels, wo auch Nachbarschaftsstreitereien verhandelt wurden. Die Geschichte schien damals schon allen völlig absurd. Ihre Beschwerde hatte auch weiter keine Konsequenzen, außer dass Frau

Schulze ihrem Mann tüchtig die Leviten wegen des wilden Männerabends las.

Das Gefühl, dass sie verfolgt würde und alle schlecht über sie redeten, wurde meine Mutter nie wieder los. An manchen Tagen war sie sehr still und mutlos. Ich war zwar noch sehr klein, aber diese tiefe Niedergeschlagenheit spürte ich trotzdem.

Ich war mit meiner Mutter allein zu Hause. Wahrscheinlich hatte Evelyn sich zum Spielen mit ihren Freundinnen aus dem Haus geschlichen, und ich saß in unserem Kinderzimmer und war irgendwie beschäftigt. Es war still in der Wohnung. Kein Laut war zu hören. «Mama», rief ich. «Wo bist du?» Ich fand sie auf dem Küchenboden liegend. Vielleicht ist sie hingefallen, dachte ich, oder eingeschlafen, doch sie stand nicht mehr auf. Es war zwar so, als ob sie schliefe, und doch spürte ich, dass etwas nicht in Ordnung war. Ich schrie und rief, schüttelte sie und brüllte immer wieder: «Mama, Mama – was ist denn? Mach doch die Augen auf!» Als sie sich so gar nicht rühren wollte, rannte ich irgendwann zur Nachbarin, um Hilfe zu holen. Ich kann mich nur noch erinnern, dass alle sehr aufgeregt waren. Ein Krankenwagen kam, und ich wurde auf mein Zimmer geschickt. Meine Mutter wurde schließlich ins Krankenhaus gebracht, und als Evy nach Hause kam, sagte sie nur immer wieder: «Mama ist bald wieder da. Sie kommt bald zurück. Ganz bestimmt.» Was bleibt einem kleinen Jungen anderes übrig, als daran zu glauben?

Wenige Tage später war sie tatsächlich wieder zu Hause. Ich habe nie gefragt, was eigentlich genau passiert war. Ich war nur froh, dass alles wieder in Ordnung kam, und wollte nicht mehr daran denken. Erst im Gespräch mit Tante Brigitte, fast 30 Jahre nach diesem Ereignis, fiel es mir ein, danach zu fragen. Tante Brigitte erinnerte sich, dass ich derjenige war, der meine Mutter fand, als sie versucht hatte, sich mit Tabletten und Alkohol zu vergiften. «Evy hatte mich benachrichtigt», erzählte Brigitte. «Ich fuhr natürlich sofort ins Krankenhaus, zu deiner Mutter. Und da war eine Ärztin, die kam auf mich zu und sagte nur: ‹Sie wird es immer wieder tun.›»

Die Ärztin sollte Recht behalten.

Meine Mutter veränderte sich sehr. Sie bekam starke Medikamente, durch die sie aufschwemmte, die sie aber stabilisieren sollten. Doch ihre Stimmungen konnten trotzdem manchmal von einer Minute zur anderen wechseln. Bald kam uns keiner mehr besuchen. Ihr Misstrauen gegenüber fast allen und ihre Unberechenbarkeit hatten die Leute verschreckt. Selbst zu unseren einzigen Verwandten, einem Bruder meiner Mutter mit seiner Familie, sind wir irgendwann einfach nicht mehr gefahren. Dabei war ich immer so gern bei ihnen auf dem Land in Fehrbellin. Es war ja nicht wirklich weit von Berlin; aber doch zu weit, als dass Evy und ich allein dorthin hätten fahren können. Letztlich blieb nur «Onkel» Wilfried übrig, der Freund meiner Mutter. Und manchmal kam Tante Brigitte zu uns zum Baden. Sie hatte nämlich kein Bad, nur ein Außenklo. Mit Evelyn und mir konnte «Onkel» Wilfried nicht viel anfangen. Wenn ihm ausnahmsweise einfiel, dass es uns gab und er uns ja mal erziehen könnte, dann hat er uns nacheinander über den Sessel im Wohnzimmer gelegt, seinen Gürtel aus den Laschen gezogen und es ordentlich knallen lassen auf unseren Hinterteilen. Klar, dass Evelyn und ich zugesehen haben, ihm aus dem Weg zu gehen und so wenig wie möglich in der Wohnung zu sein, wenn er da war.

Wir spielten an der Klopfstange, die damals in jedem Hof stand. Oft fuhr ich mit meinem kleinen Bambirad die Straße rauf und runter, natürlich immer auf der falschen Seite, wie sich eine Nachbarin noch heute entsetzt erinnert. Aber einen Unfall hatte ich nie. Es war eine sehr stille, fast wie ausgestorben wirkende Gegend, wo kaum ein Auto fuhr.

Gleich hinter unserem Hof begann das Grenzgebiet. Von unserem Kinderzimmer aus konnte ich die Mauer sehen, wenn ich mich auf die Zehenspitzen stellte. Ich war damals nicht nur noch zu klein, um die Mauer richtig sehen zu können, sondern auch, um zu verstehen, was sie zu bedeuten hatte. Ich ahnte nur, dass sie gefährlich war. Bei uns im Block wohnte einer, den nannten wir «Mauerbacke». Die Nachbarn erzählten, dass er einen Querschläger abbekommen hatte, wahrscheinlich, als 1972 Klaus Schulze bei einem Fluchtversuch erschossen wurde. «Mauerbacke» fehlte seitdem ein Stück vom Ohr. Wir machten uns manchmal darüber lustig, aber er war uns auch unheimlich. Seine Geschichte flößte uns gehörig Respekt vor der Mauer ein.

Evelyn hat unter der Krankheit meiner Mutter noch viel mehr gelitten als ich. Sie hatte niemanden, der sich um sie kümmerte, der sie beschützte, und dabei war sie doch selbst noch ein Kind. Immer hat sie nur versucht, mich vor den Anfällen meiner Mutter zu schützen. Sehr vieles habe ich deshalb gar nicht mitbekommen. Auf Evy konnte ich mich verlassen. Sie war die Einzige, die immer für mich da war und von der ich so etwas wie Zuneigung bekam.

Ich muss wohl so ungefähr fünf oder sechs Jahre alt gewesen sein, als sie anfing, ihr Glück außerhalb unserer Familie zu suchen. Evy verliebte sich in Jungs und war häufiger unterwegs als früher. Ich bekam Angst. Würde ich sie jetzt auch noch verlieren? Ich ließ sie kaum aus den Augen. Ständig lief ich ihr nach. «Wohin gehst du?», rief ich, wenn sie die Jacke anzog. «Was machst du?», wenn sie sich im Bad einschloss. So war es nur eine Frage der Zeit, bis ich ihr Versteck auf dem Dachboden unseres Hauses entdeckte. Ich war ihr hinterhergeschlichen, als sie sich unbeobachtet glaubte. Dort oben verwahrte sie ihre schicken Sachen, die sie heimlich anzog, wenn sie mit Freunden verabredet war. Über den Dachboden hat sie sich dann in den Nachbarhausflur geschlichen und konnte so unbemerkt zu ihren Verabredungen verschwinden. «Ich kenne dein Versteck», posaunte ich ihr am Abend entgegen. «Kennst du nicht!», fuhr sie mich an. «Doch», sagte ich. «Auf dem Dachboden. Ich hab's genau gesehen.» Evy sah mich finster an. Aus Angst, dass ich unserer Mutter von ihrer Trickserei erzählen könnte und die vielleicht während einer ihrer Launen ausrasten könnte, hat Evy mir Bonbons gekauft. Diese Vorgehensweise – erst die Geheimnisse meiner Schwester auszukundschaften und dann zu drohen, sie zu verraten – erwies sich als durchaus ergiebig. Jedenfalls hatte ich nie Mangel an Süßigkeiten.

Es gab Zeiten, da schien meine Mutter völlig normal, sodass alle hofften, sie sei wieder gesund. Tante Brigitte war deshalb riesig froh, als sie von meiner Mutter, die immer gern gekocht und gebacken hatte, Silvester 1975 eingeladen wurde. «Wir machen es uns richtig gemütlich, was, Brigitte?», hatte sie gesagt. Es schien ein gutes Zeichen, dass meine Mutter wieder Lust zum Feiern hatte. Doch als Brigitte mit ihrem Freund Hamlet gut gelaunt die Wohnung betrat, bot sich ihnen ein seltsames Bild: Meine Mutter saß apathisch mit übereinander geschlagenen Beinen auf dem Sofa. Die Fingernägel hatte sie zur Feier des Tages rot lackiert – aber nichts war vorbereitet. Es gab nichts zu essen, nichts zu trinken stand bereit, die Wohnung war nicht geschmückt. Da improvisierte Hamlet, ein Iraker, der aus Westberlin zu Besuch war, ein Essen aus dem Wenigen, was in der Küche zu finden war. In irgendeiner Kiste fand Tante Brigitte einen Papierhut, den sie mir aufsetzte. Wir hatten bald alles, was zu einem Fest gehört, und auch die richtige Stimmung ließ nicht mehr lange auf sich warten. Alle stellten wir uns in Pose, damit Hamlet uns fotografieren konnte. Es war so viel Leben bei uns wie nur noch selten. Die Erwachsenen amüsierten sich, tranken und tanzten. Ich war noch klein genug, um die Situation zu genießen. Aber Evy, die damals mitten in der Pubertät steckte, hat sich vermutlich weit weg zu ihren Freunden gewünscht. Doch der Abend blieb nicht so friedlich, die Bombe platzte noch lange vor Mitternacht: Auf einmal fing meine Mutter an, mit Hamlet zu streiten. Über die Frage, wer mehr vom Kommunismus verstünde, bekamen sie sich derart in die Haare, dass meine Mutter Hamlet und Tante Brigitte schließlich rauswarf. Unter Geschrei schob sie die beiden aus der Wohnung und knallte die Tür hinter ihnen zu. Hamlet donnerte von draußen dagegen. «Mach auf!», rief er immer wieder. «Ich brauche meine Jacke. Da ist doch mein Pass drin.» Ohne Pass konnte er nicht mehr zurück nach Westberlin. Ich lag schon längst im Bett und bekam von alledem nichts mit, doch Tante Brigitte war derart erschrocken, dass sie sich an dieses Silvesterfest noch heute genau erinnern kann. Das neue Jahr begann schließlich mit einer eingeschlagenen Tür, und Hamlet landete auf dem Polizeirevier.

Trotzdem hat Tante Brigitte die Freundschaft zu meiner Mutter nicht beendet. Auch wenn meine Mutter immer öfter aggressiv und wunderlich war, vergaß Brigitte nie die schönen Zeiten mit ihr. Wie sie beide so viel zusammen gelacht hatten, wie sie tanzen waren und wie sie gemeinsam übernachteten und sich die halbe Nacht im Bett ihr Leben erzählt hatten. Viel lieber als an diese verdorbene Silvesterfeier dachte Tante Brigitte an eine lustige Silvesterfeier zu zweit mit meiner Mutter. Übermütig hatten sie damals die Neujahrs-Berliner in den Schnee geschmissen. Als Brigitte mir davon erzählte, lächelte sie froh.

Doch die Abstände zwischen den Krankheitsschüben meiner Mutter wurden immer kürzer. Immer öfter und immer länger war sie nun krankgeschrieben, weil sie vor Angst völlig gelähmt war. «Ich höre nachts Stimmen», behauptete sie immer wieder und auch, dass die Nachbarn Apparate hätten, mit denen wir abgehört würden. Am meisten fürchtete sie aber, dass man ihr die Kinder wegnehmen könnte. Die einzige Lösung schien ihr, vor den Nachbarn zu fliehen, weswegen sie sich um eine neue Wohnung bemühte. Doch so schnell ging das damals nicht.

Zwischendurch, wenn meine Mutter etwas klarer denken konnte, hat sie versucht, die Ursache für ihre Ängste und den Verfolgungswahn zu finden. Sie hatte sich ein naturwissenschaftliches Buch besorgt, in dem sie immer wieder über das Gehirn las. Ganz aufgeregt erzählte sie Brigitte, was sie daraus über Hirnerkrankungen erfahren hatte. Ich kann mich gut an dieses Buch erinnern, dessen Bilder mich damals ungemein fesselten. Ich wusste überhaupt nicht, was sie bedeuteten, und doch haben die bunten abstrakten Illustrationen eine eigentümliche Faszination auf mich ausgeübt. Tante Brigitte meint, dass in dieser Zeit das erste Mal der Begriff Schizophrenie fiel. Doch dass die Krankheit nun einen Namen hatte, war kein Schutz vor ihr. Mit Hilfe der starken Medikamente ging es meiner Mutter zeitweise wieder besser, nur dass sie sich dadurch äußerlich immer mehr veränderte.

Meine ganze Kindheit liegt wie in einem Nebel, der sich nur manchmal kurz lichtet. Durch die Gespräche mit den wenigen Zeugen meiner ersten Jahre ergibt sich langsam, wie bei einem Puzzlespiel, ein Bild. Ich habe das merkwürdige Verhalten meiner Mutter damals nicht verstanden. Wie konnte ich auch, ich war ein kleines Kind. Habe ich deshalb vorgezogen, alles mit einem Schleier des Vergessens zu bedecken?

«FREIMILCH»

Erinnern kann ich mich aber zum Beispiel an meine Einschulung am 1. September 1977 in die «Schule der Solidarität». Gleich zwei Zuckertüten habe ich bekommen, eine von Mama und die andere von Tante Brigitte. Gemeinsam mit den beiden Frauen bin ich in meinen besten Sachen zur Schule stolziert. Wie ich so strahlend vor allen Eltern stand, kullerten meiner Mutter und Tante Brigitte die Tränen. Sie waren so gerührt, dass sie kaum eine Gelegenheit ausließen, um mich zu fotografieren. In der Schule, vor der Schule, auf dem Nachhauseweg, Zuckertüte mal links und mal rechts – Dutzende Fotos in allen Variationen. Und weil Mama mir an diesem Tag keine Bitte abschlagen wollte, erlaubte sie mir auf dem Heimweg sogar, den Fotoapparat zu tragen.

Kaum waren wir zu Hause, nahm das Unglück seinen Lauf. Ich rannte gleich in die Küche, um den Fotoapparat aus dem braunen Lederetui zu nehmen. Ich fummelte solange und drehte alle Rädchen und drückte sämtliche Knöpfe, bis der Apparat mit einem stumpfen Klicken aufsprang und der Film zum Vorschein kam. Verwundert zog ich daran und war sehr enttäuscht. Alles war schwarz, und nirgends waren die erhofften Bilder. In dem Moment kam meine Mutter dazu und entriss mir wütend den Apparat «Was machst du denn? Jetzt hast du alles kaputtgemacht!», fuhr sie mich an und gab mir eine schallende Ohrfeige. Ich verstand die Welt nicht mehr. Gerade waren doch noch alle so nett zu mir gewesen, alles hatte sich dieses eine Mal nur um mich gedreht, und plötzlich sollte das alles vorbei sein? Beleidigt fing ich an zu plärren: «Heute ist doch mein Feiertag.»

Tante Brigitte versuchte uns beide zu beruhigen, indem sie sagte: «Ich bringe den Film trotzdem weg, vielleicht ist ja noch was zu retten.» Aber es war nichts mehr zu retten, und so gibt es von mir nicht das übliche Einschulungsfoto.

Evy ging in die gleiche Schule. Ich konnte ihr nun noch mehr auf die Nerven gehen, und bald tat sie vor lauter Verzweiflung so, als ob sie mich gar nicht kennen würde. Schnell hatte ich herausgefunden, wo sie ihre Pausen verbrachte. Mit den anderen aus der 10. Klasse stand sie hinter der Turnhalle und hat heimlich geraucht. Ich erkannte natürlich gleich die gute Gelegenheit, wieder Bonbons zu erpressen. Es funktionierte. Meine Schwester behauptet heute, dass sie damals nie Geld hatte, weil sie immer ihr ganzes Taschengeld für mich ausgeben musste.

Drei Monate nach meiner Einschulung bekamen wir dann eine neue Wohnung, da meine Mutter immer noch hartnäckig darauf beharrte, dass Nachbar Schulze uns abhorte. Die Wohnung lag in der Schlossallee, die direkt zum Pankower Schlosspark führt. Wie auch schon vorher, wohnten wir in einem Altneubau mit drei kleinen Zimmern. Doch die neue Wohnung hat meine Mutter nicht von ihrem Verfolgungswahn befreit. Im Gegenteil. Die Krankheitsschübe kamen häufiger, und die Phasen dazwischen, in denen es ihr gut ging, wurden immer kürzer.

Weil meine alte Schule zu weit weg war, wurde ich umgeschult und kam in die «Otto-Grotewohl-Oberschule». Da hatte ich keinen guten Start. Eigentlich war ich ein recht guter Schüler, aber ich kam fast jeden Morgen zu spät, was natürlich schnell negativ auffiel. Mama hatte meistens einfach vergessen, mich zu wecken.

Irgendwann versuchte ich dann, mir selbst den Wecker zu stellen. Aber auch das brauchte eine Weile, bis ich es richtig konnte. Wollte ich rechtzeitig kommen, musste ich mich schon selbst darum kümmern. Meine Mutter schaffte es nicht, dafür zu sorgen, dass aus mir ein ordentliches Schulkind wurde. Sie schmierte mir auch fast nie Stullen für die Schule. Kein Wunder, es war ja nichts da, denn einkaufen ging auch niemand.

Evy nutzte inzwischen jede Gelegenheit, um von zu Hause wegzukommen. Glücklicherweise hatte ich wenigstens etwas zu trinken, da es «Freimilch» gab für die Kinder aus Familien, die nur wenig Geld hatten.

Wie ich in dieser Zeit tatsächlich überhaupt an etwas zu essen gekommen bin, weiß ich nicht mehr. Einmal bin ich vor Hunger in der Schule sogar umgefallen. Es war Fahnenappell. Zu bestimmten Feiertagen wurde der auf dem Schulhof abgehalten. Irgendwelche Kinder sollten eine Auszeichnung bekommen, und der Direktor hielt eine lange, langweilige Rede. Die Zeit wollte nicht vergehen, wir alle standen im Viereck aufgereiht, traten von einem Fuß auf den anderen, und plötzlich wurde mir schwindelig, alles drehte sich. Ich wurde ohnmächtig. «Detlef! Detlef!», hörte ich Stimmen. Die Lehrer standen um mich herum. Alle waren auf einmal ganz lieb zu mir.

Immer öfter gaben mir die anderen Kinder von ihrem

Essen etwas ab. Von dem einen bekam ich einen Apfel, vom anderen eine Stulle, und in der nächsten Pause brachte mir wieder ein anderer sogar ein Stück Kuchen. Meistens wurden die Kinder aus armen Familien eher gemieden, aber mich mochten sie trotzdem. Ich hatte zwar fast immer etwas vergessen, kam mit schöner Regelmäßigkeit zu spät und hatte schmutzige Sachen an – dennoch hatte ich viele Freunde. Abgeben konnte ich nichts, aber ich versuchte immer zu beweisen, dass ich ihrer Freundschaft wert war.

Als wir für eine Klassenfahrt Geld von zu Hause mitbringen sollten, war ich der Einzige, der nichts hatte. Doch ich brauchte nicht zu Hause zu bleiben. Die Lehrer und Eltern sammelten für mich. Natürlich war ich froh, dass mir geholfen wurde, aber irgendwie schien mir das nicht richtig zu sein. Ich schämte mich. Ich schämte mich, weil ich nicht so war wie die anderen.

Man muss auch heutzutage nicht lange suchen, um Kinder zu finden, denen es ähnlich geht wie mir damals. Wenn ich solche Geschichten höre oder Berichte darüber im Fernsehen sehe, steigt in mir wieder dieses Gefühl von damals auf. Daran erinnere ich mich sehr genau. Heute geht es mir glücklicherweise selbst sehr gut. Ich habe meinen Weg gefunden, worüber ich sehr froh bin. Und so ist es für mich klar, dass ich mich für bestimmte Projekte zugunsten benachteiligter Kinder engagiere.

«EIN KIND VOLLER FRAGEN»

Je mehr meine Mutter sich zurückzog, manche Tage nur im Bett lag, umso mehr drängte es mich raus aus dem Haus. Schon nach kurzer Zeit hatte ich die gesamte Gegend erkundet. Denn auch in der neuen Wohnung gab es kein eigenes Zimmer für mich. Meine Aufgaben erledigte ich in der Küche, und nachts schlief ich bei meiner Mutter im Ehebett.

Als ich bei meiner Spurensuche in Pankow kürzlich in der Nähe unserer damaligen Wohnung spazieren ging, war ich überrascht, wie gut ich mich dort auskannte. Doch ist es ein Wunder? Ich bin damals fast nur draußen unterwegs gewesen. Zu Hause wartete ja sowieso keiner auf mich. Schlimmer noch, ich hatte immer das Gefühl, dass ich dort im Wege war. Störte.

Ich habe mich andauernd gefragt, warum meine Mutter nicht mehr aufstand. Warum kümmerte sie sich nicht um mich? Liebte sie mich nicht? War ich ihr egal? Hatte ich etwas Schlimmes gemacht? Ich konnte es einfach nicht verstehen. Ich war wütend und traurig. Ein Kind voller Fragen, und niemand war da, der mir eine Antwort geben konnte.

Kaum waren wir in die neue Wohnung gezogen, wurde Evy, noch keine 16 Jahre alt, von ihrem Freund Micha schwanger. Auch das noch. Meine Mutter versuchte, sie zu einer Abtreibung zu überreden, aber Evy ließ sich nicht beirren. Ein bisschen sicher auch aus Trotz, aber viel mehr mit der Hoffnung, dass mit einem eigenen Kind auch für sie ein neues Leben beginnen könnte.

Wie dieses neue Leben allerdings aussehen würde, war fraglich. Zunächst bedeutete es nur, dass Micha nun auch noch bei uns wohnte. Ich mochte ihn nie, was vor allem daran lag, dass er mich nicht leiden konnte. Außerdem werde ich ihm nie verzeihen, dass er mir mein «Werder Bremen»-T-Shirt gestohlen hat. Meine Oma, die ja im Westen, in Pforzheim, lebte, schickte uns nämlich ab und an Pakete. Das war natürlich immer ein großes Ereignis. Paradox eigentlich, wenn ich es mir heute überlege: Manchmal hatten wir kaum etwas zu essen, und dann bekamen wir wieder Schokolade aus dem Westen. In eins dieser Pakete hatte meine Oma das Fußballshirt für mich gepackt, eine echte Rarität für uns. Gleich am nächsten Tag war es allerdings auch schon wieder verschwunden. Micha hatte es genommen. Wütend, aber auch machtlos gegenüber diesem Verrat heulte ich stundenlang, aber wen sollte das wohl beeindrucken?

Etwa zu der Zeit, als Micha bei uns einzog, blieb «Onkel» Wilfried plötzlich weg. Selbst Tante Brigitte ist kaum noch gekommen.

Meine Mutter, die mittlerweile in einer Gummifabrik angestellt war, ging immer seltener arbeiten, sodass das Geld knapp wurde. Und obwohl sie viel zu Hause war, beschäftigte sie sich fast nie mit mir. Ich verwahrloste. Genau wie unsere Wohnung. Deren Anblick wurde immer kläglicher. Stück für Stück verschwanden unsere Möbel und das, was in der Schrankwand war. In Wutanfällen zerbrach und zerhackte meine Mutter alles, was ihr in die Hände kam. Mit unglaublicher Kraft ging sie in ihren Wahnanfällen mit einem Beil auf die Gegenstände los. Kurze Zeit später war sie dann wieder ganz ruhig und zerschnitt mit engelsgeduldiger Akribie ihren Wintermantel in lauter kleine Stücke.

Als Kind sieht man so etwas und staunt. Aber man nimmt es hin. Es ist ja die Mutter, die einzige, die man hat. Sie muss sehr einsam gewesen sein in ihrer fernen Welt. Vielleicht noch einsamer als ich.

Im Sommer 1978 kam meine kleine Nichte Sandy auf die Welt. Zuerst habe ich mich riesig gefreut. Ich war nicht mehr der Kleinste. Ähnlich muss sich Evy damals gefühlt haben, als ich geboren wurde. Aber ich merkte bald, dass ich nun ganz auf mich gestellt war, denn für mich interessierte sich einfach niemand mehr.

In unserer kleinen Drei-Raum-Wohnung lebten inzwischen fünf Menschen. und doch war ich allein. Mama lebte mehr oder weniger in einer Traumwelt. Evy musste zusehen, dass sie ihr eigenes Kind versorgt bekam. Detlef schien gar nicht zu existieren. Unsichtbar.

Je weniger sich die anderen um mich kümmerten, umso mehr habe ich um Aufmerksamkeit gerungen, und wenn es nur Schimpfe war. Ich bin auch noch da!, schrie es in mir. Guckt mich an! Los, schaut her! Ich bin allein!

Ich rebellierte: Ich kokelte Evys Wandbehang ab. Ich kam einfach erst spätabends nach Hause, in der Hoffnung, dass sich jemand Sorgen um mich machte. Ich jagte meinen Wellensittich so lange durch das Zimmer, bis er sich hinter dem Schrank verirrte, wo er sich vor Aufregung zu Tode flatterte. Merkwürdigerweise habe ich nichts dabei gespürt, obwohl ich den Wellensittich sehr geliebt habe.

Aus dem Dunkel meiner Erinnerung hebt sich noch ein Tag besonders deutlich ab. Ich kam nach der Schule nach Hause. «Hallo!», rief ich in die Wohnung. Aber niemand hat mich begrüßt und gefragt, wie mein Tag war oder was ich als Hausaufgaben aufhatte. Ich ging zum Schlafzimmer und spähte durch die Tür. Mama lag wieder einmal im Bett. «Hallo Mama», sagte ich in den Raum hinein, aber sie schwieg, den Kopf zur Wand gedreht. Wahrscheinlich hatte sie schon längst vergessen, dass es mich gab. Jedenfalls nahm sie an dem Leben um sich herum keinen Anteil. In der Küche türmte sich das Geschirr, aber zu essen fand ich nichts. Evy hatte sich mit ihrem Freund Micha und dem Baby in ihrem Zimmer eingeschlossen. Ich klopfte. «Evy, was macht ihr?», rief ich durch die Tür. Sie haben sie nicht aufgemacht. Offensichtlich war es allen egal, ob es mich gab oder nicht.

In diesem Moment fühlte ich mich so unendlich allein. Wütend stürzte ich in die Küche zurück und griff mir eine Packung Eier, die auf dem Küchentisch lag. Nach und nach schmiss ich jedes Ei einzeln an die Wand. Dabei habe ich, so laut ich konnte, gebrüllt und getobt, aber auch das hat niemanden aufgeschreckt. Da rutschten nun alle zwölf Eier an der Wand hinab, und ich rannte heulend aus der Wohnung. Irgendwohin. Irgendwo, wo man mich wenigstens bemerkte.

So allmählich ist es in der Schule vermutlich doch aufgefallen, dass bei mir zu Hause was nicht stimmt. Denn immer öfter bin ich einfach gar nicht erst hingegangen, sondern habe gleich morgens angefangen, durch die Gegend zu stromern. Gegenüber von unserem Haus begann eine Kleingartenanlage, in der ich bald jedes Häuschen kannte. Mit manchen alten Leuten habe ich mich sogar angefreundet. Für mich war es ein schon fast vergessenes Gefühl, dass sich auch jemand freute, wenn ich kam. Da ich auch hier und da was zu essen bekam, verbrachte ich ganze Tage in der Kleingartenkolonie. Wegen des Schuleschwänzens haben die Lehrer mir Einträge in das Hausaufgabenheft gemacht. Aber wen interessierte schon mein Hausaufgabenheft? Eine Rüge war noch das kleinste Problem, das es damals in unserer Familie zu bewältigen galt. Mittlerweile ging meine Mutter nämlich überhaupt nicht mehr arbeiten, sie hatte in der Gummifabrik aufgehört. Und Evy wusste nicht, wie sie uns alle ernähren sollte. Obwohl sie wie ihr Vater auch bei VEB «Bergmann-Borsig» angefangen hatte und dort in der Küche arbeitete, reichte ihr Lohn beim besten Willen nicht für uns alle.

Es muss schlimm für sie gewesen sein. Das wird mir immer klarer, je mehr ich über die damalige Zeit nachdenke und erfahre. Irgendwann war Evy so verzweifelt, dass sie sich an das Jugendamt wandte.

Es war der 3. Juli 1979. Ein Tag nach meinem neunten Geburtstag. Als hätte Evy geahnt, was passieren würde, hat sie gewartet, bis das zweite Schuljahr zu Ende war.

Es klingelte an der Tür. Vielleicht habe ich ja selbst aufgemacht, ich weiß es nicht mehr. Eine fremde Frau stand draußen und fragte nach Evy. Sie betrat unsere Wohnung, strich mir über die Locken, wie fast alle Leute, und sah sich um. «Wo ist eure Mutter?», fragte sie. Evy zeigte zum Schlafzimmer. Die Fürsorgerin sah eine apathisch im Bett liegende Frau. Sie sah ein kleines Baby, einen neunjährigen aufmüpfigen Jungen und eine völlig überforderte 17-Jährige. Sie sah eine Wohnung, in der schon lange nicht mehr sauber gemacht worden war. Auf einen Blick war klar, dass hier was geschehen musste. Die Zustände waren wohl das, was man unhaltbar nennt.

Ungefähr zur gleichen Zeit hatten auch meine Lehrer dem Jugendamt gemeldet, dass sie ein Problemkind in ihrer Klasse hatten. «Detlef macht einen verwahrlosten Eindruck», gaben sie an. «Seine Sachen sind selten sauber, meistens kaputt, und er scheint nicht ausreichend ernährt zu werden.» Von zwei Seiten alarmiert, hatte das Jugendamt umgehend diesen Hausbesuch veranlasst. Die Fürsorgerin musste nicht lange überlegen und beschloss, dass ich schnellstmöglich – also gleich am nächsten Tag – in ein Kinderheim eingewiesen werden sollte. «Nur übergangsweise», hieß es. Nur bis Mama sich wieder erholt hätte. Um Evy, so hoffte man im Amt, würde sich ihr Freund Micha kümmern, denn der war schon Anfang 20.

Mein letzter Abend zu Hause. Meine letzte Nacht bei meiner Familie. Was geht in einem solchen Moment in einem Kind vor? Wie kann es verstehen, dass es nur zu seinem Besten ist, wenn es seine Familie verlässt? Ich hatte Angst, unsagbare Angst vor dem, was mich erwartete. «Evy, ich will aber bei dir bleiben. Bitte. Ich will nicht weg», flehte ich immer wieder. «Komm», sagte Evy, «komm her. Du kannst bei mir schlafen.»

Da lagen wir in ihrem Bett, zwei unglückliche Kinder, wie sie unterschiedlicher kaum sein konnten, klammerten uns aneinander und weinten uns in den Schlaf.

Auch wenn die letzte Zeit bei uns zu Hause katastrophal gewesen ist, war dies doch trotzdem mein Zuhause. Und auch wenn meine Mutter nur noch im Bett lag, blieb sie doch meine Mama. Ich wollte nicht von Evy fort. Selbst Micha erschien mir auf einmal gar nicht mehr so schlimm.

Als ich am Morgen aufwachte, hatte ich, wie in letzter Zeit öfter, ins Bett gepullert. Aber Evy schimpfte nicht, sondern war ungewöhnlich lieb zu mir. Sicher fiel es auch ihr nicht leicht, mich wegzuschicken, vielleicht bereute sie auch für einen kleinen Moment, dass sie zum Jugendamt gegangen war. Wie eine Beschwörungsformel wiederholte sie diesen einen Satz: «Du kommst ja bald wieder nach Hause. Ganz bestimmt. Es ist nicht für lang.»

Es war für immer.

«ES IST RICHTIG SCHÖN BEI UNS»

Evy brachte mich in das Übergangsheim nach Alt-Stralau in Treptow. Wir stiegen aus der S-Bahn und liefen über eine lange Brücke, die überhaupt kein Ende nahm. Meine Schwester wurde immer schweigsamer, und selbst ich, der sonst pausenlos quasselte, wusste nichts mehr zu sagen. Hand in Hand gingen wir diesen scheinbar nicht enden wollenden Weg. Evy trug meine Tasche, und ich versuchte mit ihr Schritt zu halten. Wenn ich jetzt darüber nachdenke, kommt mir dieser Nachmittag vor wie der Gang zum Schafott.

Evy umarmte mich zum Abschied. «Bis bald, Kleiner», sagte sie und strich mir durch die Locken. Weinte ich? Weinte sie? Ich weiß es nicht mehr. Als sie sich zum Gehen wandte, nahm mich eine Betreuerin entschlossen an die Hand und sagte: «So, jetzt schauen wir mal. Was hast du denn hier mitgebracht, Detlef?» Sie nahm meine Tasche, und ich musste alles, was meine Schwester mir eingepackt hatte, wieder abgeben. Nicht nur mein Spielzeug, sondern auch alle Anziehsachen. Dafür bekam ich Kleidung vom Heim. Ich ließ all das geschehen. Verstanden habe ich wohl nicht, was da vor sich ging. «Das hier ist deine Gruppe», sagte die Betreuerin und öffnete mir die Tür zu einem Aufenthaltsraum.

Ich war völlig verblüfft. Schon der Anblick von lauter

gleich angezogenen Kindern war merkwürdig. Doch vor allem einen Jungen habe ich angestarrt wie ein Weltwunder. Er war wie ich. Noch nie zuvor hatte ich ein Kind gesehen, das auch dunkel war. Ich hatte schon ein paar Mal Schwarze auf der Straße gesehen, aber das waren immer Erwachsene gewesen. Und nun stand ein Junge vor mir, der so alt war wie ich und genauso aussah. So, in den gleichen Klamotten, hätte man uns tatsächlich für Zwillinge halten können. Der andere Junge war aber von mir nicht im Entferntesten beeindruckt, er hat mich nur kurz angeschaut und gleich weitergespielt.

Bald fand ich heraus, dass er nicht das einzige dunkelhäutige Kind im Heim war, sein Bruder lebte auch dort. Vom ersten Augenblick an bin ich Jimmy, so hieß der Junge, nicht mehr von der Seite gewichen. Wenn wir uns die Nächte mit Gruselgeschichten vertrieben, bin ich sogar in sein Bett gekrabbelt. Reihum haben wir acht Jungs, die in einem Zimmer wohnten, uns in der Dunkelheit unheimliche Geschichten erzählt von Medusen und wiederauferstandenen Toten.

Ich hatte einen Freund! Das erste Mal hatte ich einen richtigen Freund gefunden. Jimmy und ich haben uns wunderbar verstanden. Für uns hätte das Leben so bleiben können. Da sowieso Ferien waren, erschien uns das Heim wie ein Ferienlager. Wir spielten, wie ich schon lange nicht mehr gespielt hatte. Es waren unbeschwerte Wochen. Doch eines Tages war auch dieser Traum vorbei. Jimmy und sein Bruder konnten wieder zu ihrer Mutter nach Hause, und ich blieb allein im Heim zurück. Mein eben erst gewonnener Freund verschwand ebenso plötzlich aus meinem Leben, wie er gekommen war. Ich habe

Jimmy erst viele Jahre später wiedergesehen, im Gewusel einer Discoprügelei.

Die ersten Tage im Heim waren wie im Flug vergangen. Ich hatte kaum Gelegenheit, an zu Hause zu denken, denn ständig geschah irgendetwas um mich herum. Es war ja einerseits wahnsinnig spannend, weil alles neu war, aber andererseits auch eine enorme Umgewöhnung. Plötzlich wurde mir nun alles vorgeschrieben, und ständig kümmerte sich jemand um mich. Zu Hause hatte ich mir meistens selbst etwas zu essen gemacht und war ins Bett gegangen, wann es mir passte. Hier war ich wieder ein kleines Kind. Neun Jahre alt. Ich habe das genossen, obwohl es mir manchmal schon schwer fiel, den Vorschriften zu folgen. Ich hatte schon fast vergessen, wie es war, umsorgt zu werden, und ich merkte, wie langsam das Gefühl, überflüssig und überall im Weg zu sein, von mir wich.

Als die Sommerferien nach acht Wochen zu Ende waren, durfte ich nicht nach Hause, wie erhofft, sondern wurde in ein anderes Kinderheim eingewiesen. Was sollte das denn bedeuten? Hatten mir nicht alle versprochen, ich könnte zurück? Wollten meine Mutter und Evy mich nicht mehr? Wieder einmal fühlte ich mich völlig allein.

Mein neues Zuhause war nun das Kinderheim «A. S. Makarenko» – benannt nach einem bekannten ukrainischen Pädagogen. Es lag im Stadtbezirk Treptow in der Königsheide von Johannisthal. Dieses größte Berliner Kinderheim ist in den fünfziger Jahren als Modellkinderheim errichtet worden. Es war wie eine kleine Stadt mit eigener Schule, einer eigenen Poliklinik und eigenem Sportplatz. Eigentlich eine tolle Sache, denn schlecht ging es den Kindern dort nicht. Dieses Kinderheim galt als Vorzeigeheim. Sogar Politiker oder Wissenschaftler gaben ihre Kinder hierher. Es war vor allem in der Anfangszeit der DDR nicht selten, dass manche Leute ihre Kinder vorübergehend in einem Kinderheim unterbrachten, um ihre ganze Kraft dem Aufbau des Landes zu widmen. Vor Ort gab es alles, und wir hatten eigentlich keinen Grund mehr, das Gelände zu verlassen, was dem Ganzen doch ein Gefühl von Eingesperrtheit anhaften ließ.

Mein Ferienlagergefühl verschwand in der Königsheide dementsprechend ziemlich schnell. Denn als ich hier auch noch in die Schule gehen musste, begriff ich langsam, dass nichts mehr so werden würde wie früher. Aber ich wollte nicht in diesem Heim bleiben. Ich wollte wieder nach Hause. Fast jeden Abend weinte ich leise im Bett vor Heimweh. Ich sehnte mich nach meiner Mama und nach Evy. Dieses Heim war auf keinen Fall meine neue Familie! Es ist sehr schwer, Menschen das Gefühl von Heimat und Sicherheit zu geben – wie sehr sich die Erzieher auch bemühen, sie können keine Familie ersetzen.

Ich wehrte mich eisern. Aber die Antwort war immer die gleiche: «Jetzt musst du erst einmal hier bleiben, Detlef. Wenn du dich eingewöhnt hast, wirst du schon sehen, es ist richtig schön bei uns.»

Es fiel mir schwer, daran zu glauben.

Meine Bettnässerei wurde im Heim natürlich auch nicht besser. Obwohl ich mich immer sehr schämte, wenn die anderen Kinder merkten, dass ich wieder mein Bett abzog, wurde es für eine lange Zeit fast zu einem Ritual. Ich bekam eine Gummimatte, wie ein Kleinkind. Und wenn ich mal wieder in nassem Bettzeug wach wurde, musste ich es selbst abziehen und auch allein wieder neu beziehen. Manchmal, je nachdem, welcher Erzieher gerade Dienst hatte, habe ich die Bettwäsche auch noch selbst ausgewaschen – unter Kommentaren der anderen Kinder: «Guck mal, Detlef hat wieder Waschtag!»

Im Rückblick frage ich mich manchmal, wie ein Kind so etwas überhaupt aushalten kann. Einsamkeit, Fremdheit und Demütigung. Aber Kinder sind zäh, zäher vielleicht als so mancher Erwachsene.

Weil ich so sehr bettelte, nach Hause zu dürfen, wenigstens mal zu Besuch, wurde ganz selten eine Ausnahme gemacht und ich für ein Wochenende beurlaubt. Wie sehnte ich diese Tage herbei! Für mich waren das die schönsten Momente, wenn ich meine Tasche packen durfte. Und das, obwohl zu Hause alles beim Alten war: Mama lag noch immer die meiste Zeit im Bett und hatte mittlerweile vom vielen Liegen auch noch Thrombosen. Und Evy war mit ihrer eigenen kleinen Familie mehr als genug beschäftigt. Wie zu den Zeiten, in denen ich noch dort gelebt hatte, habe ich auch die Besuchstage größtenteils draußen verbracht. Aber das Gefühl, wieder zu Hause zu sein, hat mich unendlich glücklich gemacht. Heute wundere ich mich, dass meine Mutter noch nicht einmal für die kurze Zeit die Kraft hatte, sich mit mir zu beschäftigen. Aber ich war einfach damit zufrieden, bei ihr zu sein.

Ich brauchte lange, um mich im Heim einzugewöhnen. Die Zeit verging mit einem durchorganisierten Tagesablauf, an dem sich nur selten etwas änderte. Heimalltag. Umso größer war die Sensation, wenn doch etwas passierte. Einer dieser glücklichen Höhepunkte war das «Westpaket».

Meine Oma mütterlicherseits hat immer versucht, sich von Pforzheim aus um mich zu kümmern. Aber da meine Mutter kein Telefon hatte und auch keine Briefe mehr schrieb, musste meine Oma oft komplizierte Wege nehmen, um an Informationen über meinen Verbleib zu kommen. Schließlich hat sie sich sogar an die Behörden gewandt, um rauszubekommen, wo ich steckte. Und dann kamen regelmäßig Pakete von ihr. Was für eine Aufregung! Sie schickte meistens Süßigkeiten, Spielsachen und manchmal einen Pullover oder irgendwas anderes zum Anziehen.

Dieses Phänomen «Westpaket» ist ja mit der Wende völlig verschwunden. Aber ich werde nie dieses Wahnsinnsgefühl vergessen, wenn ein Paket kam. Früher hatten Evy und ich uns immer darum gestritten, wer es auspacken durfte, wenn wieder ein Omapäckchen kam. Gewann ich, habe ich das Paket niemals einfach aufgerissen, obwohl ich vor Neugier gespannt war wie ein Flitzebogen. Dann löste ich langsam und sorgfältig die Schnüre und Klebebänder und habe behutsam das Papier abgewickelt. Die ganze Zeit sog ich schon den Geruch des geheimnisvollen Paradieses auf. So roch der Westen. Beim Öffnen nebelte einen ein Schwall Schokoladen-, Seife- und Kaffeeduft völlig ein. Schließlich nahm ich Stück für Stück aus dem Paket, bis alles vor mir ausgebreitet war. Manchmal denke ich heute an diese magischen Augenblicke und bin fast traurig, dass ich diese besondere Verzückung nicht mehr erlebe.

Auf den Genuss des Auspackens musste ich dann allerdings schon im Heim verzichten, denn das war leider den Erziehern vorbehalten. Sie kontrollierten immer – obwohl das ja in der Regel schon der Zoll getan hatte –, ob auch keine verbotenen Dinge drin waren, wie beispielsweise Zeitschriften. Aber dann habe ich meine Geschenke bekommen, nicht auf einmal, sondern portionsweise zugeteilt. Viel war das nicht, vor allem, wenn man bedenkt, dass ich auch fast immer mit den anderen Kindern geteilt habe.

Heute kann ich es mir kaum mehr vorstellen, aber die Freude über so ein Stück Schokolade aus dem Westen, egal wie klein, war damals tatsächlich riesig. Nicht dass wir die Süßigkeiten aus dem Osten nicht gemocht hätten, aber die Westsachen waren ein seltener Genuss, und das ließ sie noch einmal extra süß schmecken.

Ich weiß noch genau, wie lange ich als Kind an einem einzigen «Duplo»-Riegel essen konnte. Ich nahm einen klitzekleinen Biss und legte den Riegel wieder auf den Tisch. Anschließend habe ich mindestens zweiunddreißig Mal gekaut, um den Geschmack bis ins Letzte aufzunehmen. Erst dann biss ich langsam noch einmal ab. Manchmal wickelte ich das «Duplo» wieder ein, um mir den Rest für später aufzuheben. Für mich war es tatsächlich die längste Praline der Welt. Ähnlich war es auch mit Coladosen. Schon das Öffnen habe ich zelebriert, um mich dem Zischen und dem herausprickelnden Geruch hinzugeben. Danach habe ich langsam, in kleinen Schlucken und mit vielen Pausen getrunken. Nicht so wie heute, wo man eine Cola nur zum Durstlöschen hinunterkippt. Nach dem Mauerfall verging mir schlagartig die Lust auf diese ganzen Süßigkeiten.

Das waren die Momente, in denen ich glücklich war. Selten, aber es gab sie. Dann wurde das triste Heimleben ein wenig bunter, und bei den Kindern war ich für einen Augenblick der König.

«WAS MACHT DIESES KIND HIER?»

Irgendwann durfte ich gar nicht mehr nach Hause. Mein Bitten und Flehen stieß auf taube Ohren.

Ich war zehn Jahre alt und durfte meine Familie nicht sehen. Das war schwer zu begreifen. Ich suchte die Schuld bei mir. Vermutlich tut das jedes einsame Kind irgendwann. Habe ich etwas falsch gemacht?, fragte ich mich. War ich ungezogen gewesen? Hatte ich mir nicht genug Mühe gegeben? Warum wollten sie mich denn nicht mehr sehen?

Die Antwort auf all diese Fragen bekam ich erst viele Jahre später. Lange Zeit habe ich mit dem Gefühl gelebt, dass ich meiner Familie einfach egal gewesen bin. Irgendwann hieß es, meine Mutter sei zu krank, um sich um mich zu kümmern. Es gab die unterschiedlichsten Geschichten über die Krankheit meiner Mutter, Alkohol oder Hirntumor, niemand konnte es mir genau sagen.

Wie es wirklich gewesen ist, erfuhr ich vor gar nicht allzu langer Zeit von einer Jugendamts-Fürsorgerin, die damals mit meinem Fall betraut war. Auf der Suche nach den Spuren meiner Kindheit habe ich sie in ihrer Sprechstunde im Jugendamt Pankow, wo sie heute immer noch arbeitet, besucht.

Sie erzählte mir von einem verhängnisvollen Besuchstag, irgendwann Anfang 1980: Mittlerweile war meine

Schwester volljährig geworden und mit ihrer Familie ausgezogen. Meine Mutter lebte nun allein, und beim Jugendamt fragte man sich misstrauisch, wer sich denn eigentlich um mich kümmern würde, wenn ich zu Hause war. Bei einem der wenigen Besuche bei meiner Mutter kam deshalb die Fürsorge zur Kontrolle zu uns nach Hause.

Als die Fürsorgerin kam, hatte meine Mutter gerade wieder einen Anfall. Sie saß im Bett und hielt sich den Kopf, warf sich hin und her. Sie hörte Stimmen. Sie brüllte: «Was macht dieses Kind hier? Es muss weg. Es hat der Teufel geschickt. Ich bringe das Kind um! Weg, weg! Das ist nicht mein Sohn!»

Ich selbst habe an diesen Tag keine Erinnerung, die Frau vom Jugendamt dafür umso deutlicher. Sie hatte damals einen Riesenschreck bekommen, den man ihr noch zweieinhalb Jahrzehnte später anmerkte. Sie konnte mir die ganze Situation bis ins kleinste Detail beschreiben.

«Ich kam ja völlig nichts ahnend zu euch an diesem Tag», erzählte sie. «Und dann wurde ich plötzlich von dieser unheimlichen Situation überrascht. Immer wieder habe ich mich gefragt, was passiert wäre, wenn ich nicht rechtzeitig gekommen wäre. Nicht auszudenken.»

Sofort hat sie mich an die Hand genommen und ist mit mir aus der Wohnung geflüchtet. Sie hat sich danach noch lange mit dem Fall meiner Mutter beschäftigt, weil ihr diese Begegnung keine Ruhe ließ. «Ich habe damals ihre Krankenberichte studiert. Du kannst dir vorstellen, dass es mir nicht leicht fiel, zu entscheiden, dass du nicht mehr nach Hause darfst. Das war wirklich sehr schweren Herzens. Ich habe ja gesehen, wie du an ihr hingst.»

Die Gefahr, in der ich bei meiner Mutter war, habe ich nie gespürt. Auch ihr Geschrei habe ich meistens einfach ignoriert. Ich hatte ja jahrelange Übung darin, das eigenartige Verhalten meiner Mutter nicht ernst zu nehmen. Ich wäre diesem wie auch allen anderen Wahnanfällen aus dem Weg gegangen. Die Fürsorgerin jedoch erkannte, dass meine Mutter wirklich nicht in der Lage war, sich um mich zu kümmern – geschweige denn um sich selbst.

Der Kontakt zu meiner Familie ging zunehmend verloren. Die Jugendfürsorgerin aus dem Kinderheim, Frau Jokschies, tröstet mich heute, indem sie mir erklärt, wie schwer krank meine Mutter war. Immer öfter wurde sie damals in die Psychiatrie nach Herzberge eingewiesen. Eine Patientin wie sie nannte man «Drehtürpatientin» – kaum draußen, kommt sie schon wieder rein. Zwischendurch hatte sie zwar klare Momente, in denen sie immer nach mir fragte und mich besuchen wollte, aber meistens reichte ihre Kraft dafür nicht aus.

All das habe ich nicht gewusst.

Damals sah ich nur, dass sie fast nie kam. An den Besuchstagen, wenn die meisten Kinder sich mit ihren Familien trafen, blieb ich allein.

Mich besuchte niemand.

Frau Jokschies bemühte sich immer wieder darum, dass jemand aus meiner Familie den Kontakt zu mir halten sollte. Mehrmals versuchte sie deshalb, Evy zu überreden, sich doch mehr um mich zu kümmern. Aber auch meine Schwester kam nicht. Ich mache ihr keine Vorwürfe. Ich weiß heute, wie schwierig es für sie war, ihr Leben mit einem kleinen Kind zu bewältigen. Wesentlich mehr als ich war sie der Krankheit meiner Mutter ausgesetzt gewesen. Ich hatte vieles einfach noch nicht mitbekommen, klein, wie ich war, sie dagegen musste viel zu früh erwachsen werden. Nur die ersten acht Jahre ihres Lebens, bis zu meiner Geburt, hatte sie eine unbeschwerte Kindheit. Danach versank unsere Familie im Chaos. Sich daraus zu befreien und sich ein eigenes Leben aufzubauen hat sie viel Kraft gekostet. Davor habe ich heute großen Respekt.

Lange Zeit drehten sich meine Gedanken immer nur darum, was ich machen könnte, damit mich jemand besuchte. Ich wünschte mir jemanden, der nur zu mir kam. Zu mir allein.

«WIR GEHÖREN ZU NIEMANDEM»

Frau Jokschies, die Fürsorgerin, und auch die anderen Erzieher gaben sich große Mühe, uns ein Zuhause zu schaffen. Ich glaube auch, dass sie mich mochten, aber gerade an Feiertagen habe ich gemerkt, dass ein Heim keine Familie ersetzen kann.

Schon morgens leerten sich dann die Gänge, das Kindergeschrei verstummte, und viele Zimmer blieben für ein paar Tage einsam, viele ordentlich gemachte Betten für ein paar Nächte verlassen. Ein Kind nach dem anderen wurde abgeholt und von den Eltern oder Verwandten mit nach Hause genommen. Nur wenige von uns blieben übrig. Es wurden dann die Gruppen zusammengelegt, damit auch die meisten Erzieher nach Hause zu ihrer eigenen Familie konnten.

Kann man sich überflüssiger fühlen? Wir sprachen nie darüber, es war wie eine geheime Absprache zwischen uns Dagebliebenen, aber es war deutlich spürbar in diesen Tagen, dass wir alle dasselbe empfanden. Uns wollte keiner. Wir wurden nicht gebraucht. Wir gehörten zu niemandem.

Diese dunkle Stimmung legte sich wie ein Schleier über das Weihnachtsfest im Kinderheim. Alle bemühten sich zwar, dass es keine traurige Feier wurde, es gab einen riesengroßen Weihnachtsbaum, einen Weihnachtsmann, ein gemeinsames Festessen und Geschenke für alle. Die Erzieher hatten sich auch genau überlegt, worüber sich jedes einzelne Kind freuen würde.

Draußen fiel der Schnee, es wurde dunkel, und hinter den Fenstern der Stadt versammelten sich die Menschen zur Bescherung in ihren Wohnzimmern. Aber der strahlende Glanz der Weihnachtszeit hat es nie bis in den Speisesaal des Makarenko-Heims geschafft.

Mit der Zeit begriffen die Pädagogen, dass gerade die familiäre Situation für Heimkinder sehr wichtig ist. Das Vorzeigeheim der fünfziger Jahre entsprach drei Jahrzehnte später nicht mehr den neuesten Erkenntnissen. Nun sollten kleinere Heime gebaut werden. Das Kinderheim «A. S. Makarenko» in der Königsheide wurde daraufhin in mehrere Kinderheime aufgeteilt. Man achtete zwar darauf, dass sich nach Möglichkeit die Bezugspersonen nicht änderten, aber dennoch mussten wir Kinder unsere vertraute Umgebung verlassen – unser Haus aus der Königsheide wurde komplett verlagert. Mit allen Kindern und den meisten Erziehern zogen wir um in das neu gebaute Kinderheim «Fritz Weineck» in der Paul-Gesche-Straße nach Lichtenberg. Benannt nach dem sozialistischen Helden Fritz Weineck, dem «Kleinen Trompeter» – jeder aus der DDR kennt ihn noch, «das lustige Rotgardistenblut» aus Erich Honeckers Lieblingslied.

Ich bezog ein Vierbettzimmer mit Dirk, der lange Zeit mein Freund war, und den beiden Brüdern André und René. Es sprach sich schnell herum, dass wir eine neue Erzieherin bekommen sollten. Frau Schenk. Ich hatte sie von

Anfang an sehr gern. Denn sie und ihr Mann, der auch im Heim als Erzieher arbeitete, waren mit ganzem Herzen bei der Sache. Sie liebten Kinder, und das war in jedem Moment deutlich spürbar. Sie behandelten uns nicht anders als ihre eigenen Kinder. Herr Schenk weckte uns nie, indem er die Tür aufriss und «Aufstehen» brüllte. Er hatte seine eigene Methode. Er setzte sich mit seinem Akkordeon auf den Flur und spielte, bis nach und nach alle Türen aufgingen und die Kinder verschlafen herausgetappt kamen. Es gab keinen unter uns, der dieses morgendliche Konzert nicht gemocht hätte.

Bald stellte sich auch hier im «Fritz Weineck» eine Routine ein, ein Alltagsleben. An meine Mutter habe ich da immer seltener gedacht. Unser gemeinsames Leben lag inzwischen schon so weit zurück, über ein Jahr war vergangen. Ein Jahr ist eine halbe Ewigkeit für einen Jungen, der lernt, sich in der Welt zu behaupten. Ich fand mich langsam damit ab, dass ich im Heim bleiben würde. Ein Zurück würde es für mich nicht mehr geben. Später habe ich aus meinen Jugendamtsakten erfahren, dass man meiner Mutter wegen ihrer Krankheit mittlerweile das Sorgerecht entzogen hatte. Ich war jetzt ein echtes Heimkind.

Heimkind. Das war wie ein Aufkleber auf der Stirn, wie ein Schild um den Hals. Eine Markierung, die man nicht ablegen konnte. Und in der Folgezeit bekam ich immer wieder deutlich zu spüren, dass auch ich diese Markierung trug.

Nachdem wir unser neues Heim bezogen hatten, mussten wir alle die Schule wechseln. Diesmal waren wir nicht unter uns, sondern kamen in eine «normale» Schule. Das lief nicht ohne Probleme ab. Immer, wenn irgendwas verbrochen wurde, sei es, dass irgendwo eine Scheibe kaputtgegangen oder etwas geklaut worden war, hieß es: «Das waren die Heimkinder.»

Das stimmte so gut wie nie, denn unsere Erzieher achteten streng darauf, dass wir nicht negativ auffielen. An den Nachmittagen halfen sie uns bei den Hausaufgaben, sodass keiner von uns in der Schule sitzen geblieben ist. Wir benahmen uns meistens auch halbwegs akzeptabel, da wir mehr als andere Kinder gewohnt waren, uns mit den Regeln, die nun mal jede Gruppe braucht, abzufinden. Auch äußerlich unterschieden wir uns nicht sehr von unseren Mitschülern. Wir liefen nicht in Sack und Asche herum, wie man es sich vielleicht vorstellt. Im Gegenteil. Wir bekamen regelmäßig Kleidergeld. Dann gingen wir mit einem Erzieher in die Stadt und durften unsere Sachen selbst kaufen. Doch all das konnte das Gefühl, anders und minderwertiger zu sein, nicht wettmachen. Wir gingen eben nach der Schule nicht zu unseren Eltern, sondern in ein Heim. Ein alles entscheidender Unterschied, der nicht wegzudiskutieren war.

Offenbar regte unsere Art zu leben die Phantasie mancher Mitschüler besonders an. Einige behandelten uns, als ob wir krank wären und Hilfe bräuchten. Sie schauten uns mit so einem komischen, mitleidsvollen Blick an. Da war zum Beispiel unsere Gruppenratsvorsitzende Christine. Nachdem wir in der Schule das russische Kinderbuch «Timur und sein Trupp» von Arkadi Gaidar gelesen hatten, entwickelte sie ein ausgeprägtes Helfersyndrom. Timur, die Hauptfigur aus diesem Buch, half immer alten und hilfsbedürftigen Leuten. Timur wurde unser aller Vorbild. Wie er wollten wir Pioniere nun so genannte

Timurarbeit machen. Christine dachte wohl, ich wäre so ein armes Wesen, das sich als Opfer für «Timurarbeit» glänzend eignete. Sie lud mich zu sich nach Hause ein, wo ihre Mutter, Frau Friedrich, die ganze Zeit um uns herumscharwenzelte. Auch sie war so betont freundlich zu mir, dass es mir ganz unheimlich vorkam. Gleichzeitig habe ich aber auch genossen, so verwöhnt zu werden.

Frau Friedrich war Elternaktivvorsitzende in unserer Klasse – das, was heute der Elternsprecher ist – und war ganz angetan von der Idee, sich um das «arme Heimkind Detlef» kümmern zu können. Ich habe es nicht so richtig verstanden, aber auch nicht lange darüber nachgedacht. Warum sollte ich nicht die Wochenenden bei Familie Friedrich verbringen?, dachte ich mir und habe nicht widersprochen. Eigentlich verwunderlich, denn man kann nicht behaupten, dass ich mich mit Christine besonders gut verstand. Außerdem wohnten in der kleinen Wohnung bei Frau Friedrich auch noch ihre Eltern, die das Hilfsprojekt ihrer Tochter und ihrer Enkelin offensichtlich missbilligten. Von Anfang an habe ich gespürt, dass sie mich nicht mochten. Da habe ich sie eben, so gut es ging, ignoriert, was in der kleinen Wohnung allerdings recht schwierig war. Als Abwechslung zum Heim fand ich das Privileg, ab und an Ehrengast in einer Familie zu sein, trotzdem sehr angenehm. Doch wie man es auch dreht und wendet, wir Heimkinder blieben Fremdkörper, auch wenn sich viele Menschen um uns herum sehr viel Mühe gaben, uns das nicht spüren zu lassen.

«WER SOLL DENN DEN BÄNDIGEN?»

Irgendwann dachte ich nicht mehr daran, dass ich eine Familie hatte. Doch es wäre gelogen, zu behaupten, dass nicht irgendwo in mir doch noch ein Funken Hoffnung gelebt hätte. Hoffnung, dass auf einmal, durch ein Wunder, alles wieder gut werden würde. Manchmal, wenn ich mal wieder zu Besuch nach Hause konnte, hatte es Situationen gegeben, da dachte ich, es sei so weit. Das Wunder wäre da. Aber es kam nie. Ein letztes Mal noch war ich zu Hause in der Schlossallee.

Meine Oma aus dem Westen hatte nichts unversucht gelassen, mich auch im neuen Heim ausfindig zu machen. Sie hatte schon so lange nichts mehr von meiner Mutter gehört, dass sie sich große Sorgen machte. Niemand konnte ihr sagen, was mit meiner Mutter war, und erreichen konnte man sie auch nicht, denn sie hatte ja kein Telefon.

Eines Abends rief meine Oma vor lauter Verzweiflung dann bei Familie Schenk an. Anders wusste sie sich nicht mehr zu helfen. Frau Schenk sagte nur wenig und blieb einsilbig, weil sie wusste, dass Gespräche aus dem Westen meistens abgehört wurden. Aber sie konnte der fremden Frau ja zuhören. «Bitte», sagte meine Oma nachdrücklich, «schauen Sie doch mal nach ihr.» Also fuhr Frau Schenk nach Feierabend den weiten Weg nach Pankow, um meine Mutter zu besuchen.

«Deine Mutter war eine sowohl psychisch als auch physisch schwer kranke Frau, Detlef», erzählte mir Frau Schenk, als ich sie wegen meiner vielen Fragen mal besuchte. «Sie war vollkommen pflegebedürftig, sodass täglich jemand von der ‹Volkssolidarität› nach ihr sehen und ihr etwas zu essen bringen musste.» Kann man sich die kalte Hand vorstellen, die sich um mein Herz klammerte, als ich das hörte? Auch wenn ich ihr als Kind gar nicht hätte helfen können, stellte sich noch nachträglich das Gefühl ein, nicht für sie da gewesen zu sein.

«Als deine Mutter damals begriff, wer ihr Besuch war, wurde sie ganz aufgeregt, wollte unbedingt wissen, wie es dir ging. Sie hatte so ein schlechtes Gewissen, aber fühlte sich dir doch nicht gewachsen. Sie wurde ganz still, und dann sagte sie nur: ‹Er läuft doch immer weg, ich kann ihn doch gar nicht bändigen.›»

Der Besuch endete damit, dass meine Mutter Frau Schenk bat, doch unbedingt noch mal mit mir zu kommen. Frau Schenk, die diese Begegnung sehr berührt hat, ließ kaum Zeit verstreichen, und schon ein paar Tage später machten wir uns auf den Weg. Wie ich mich fühlte? Ich war völlig aufgedreht! Nach einer Ewigkeit durfte ich endlich mal wieder nach Hause fahren und meine Mutter sehen.

Frau Schenk und ich standen vor der Tür, und ich drückte ungeduldig die Klingel. Ich hopste und plapperte in einem fort. Meine Mutter öffnete. Der vertraute Geruch der Wohnung schlug mir entgegen, und das Gefühl von Zuhause umfing mich unmittelbar. Alles war wie früher, alles, was ich so vermisst hatte, war da. Wie hatte ich das je auch nur eine Sekunde vergessen können? Meine Mutter war so, wie ich sie kannte. Sie konnte ihre Freude vor Schwäche gar nicht zeigen. Ich dagegen rannte durch die ganze Wohnung, öffnete alle Schränke und wirbelte überall herum, um ein ganz bestimmtes Spielzeug zu finden. Ich suchte nach so einer Art Ballpistole, mit der man einen Ball in die Luft schoss, um ihn dann mit einem Netz aus Plastik wieder aufzufangen. Zu Hause, zu Hause. Es fühlte sich so richtig an, die Schranktür quietschte wie eh und je, und in der Stehlampe ging wie immer nur eine Birne.

Ich war völlig überdreht und zappelig und konnte keine Minute still sitzen. Da sagte meine Mutter völlig resigniert zu Frau Schenk: «Sehen Sie, wer soll denn den bändigen?»

Grit, meine beste Freundin aus Kindertagen, ist heute Kinderpsychologin. Sie hat mir mein Verhalten von damals erklärt. Sie meint, ich hätte auf das depressive Verhalten meiner Mama mit Hyperaktivität reagiert. Erfahrungsgemäß ist es wohl sehr oft so, dass Kinder von psychisch kranken Eltern, vor allem von solchen mit depressiven Zügen, zum Zappelphilipp werden. Unbewusst hoffen die Kinder, mit kasperhaftem Verhalten ihre phlegmatischen Eltern wieder aufzumuntern. Aber das war bei meiner Mutter vergebens. Wahrscheinlich war sie sogar froh, als wir wieder weg waren.

Ich kehrte nie wieder an diesen Ort zurück. An diesem Nachmittag verließ ich an der Hand von Frau Schenk zum letzten Mal das einzige Zuhause, das für mich je gezählt hat.

Und vielleicht ist es gut, dass man nicht weiß, wenn ein Abschied für immer ist. Wie sollte man das auch ertragen?

Die Erinnerungen an meine Mutter verblassten mit jedem Tag mehr. Aber eines Tages tauchte sie plötzlich im Heim auf. Frau Schenk kam zu uns ins Zimmer. «Detlef, deine Mutter ist hier», sagte sie. «Sie ist unten.» Auf diesen Moment hatte ich endlos lange gewartet. Ich war völlig aus dem Häuschen und rannte den gesamten Heimflur lang und rief, damit es jeder hören konnte: «Meine Mutter ist da.» Endlich, endlich hatte ich auch mal eine Mutter, die mich besuchen kam. Jeder sollte sie sehen.

Ich rannte meiner Mutter entgegen. Sie saß im Aufenthaltsraum und erwartete mich. Ich stürzte herein und wollte sie umarmen, als sie zurückschreckte: «Wer ist das?», fragte sie. Sie starrte mich unverwandt an und fing irgendwann an zu schreien: «Ich will meinen Sohn sehen. Wo ist mein Sohn? Sie haben doch versprochen, dass ich meinen Sohn sehen kann. Das hier ist nicht mein Sohn!»

Ich erstarrte. Meine Freude über ihren Besuch, die Aufregung und der Stolz, all das schrumpfte in Sekundenschnelle zu einem Häufchen Elend zusammen. Das Wunder, das wieder einmal in greifbare Nähe gerückt zu sein schien, zerplatzte wie eine Seifenblase.

Gerade wollte ich sagen: «Aber Mama, ich bin's, Deddy», da merkte ich, dass ich mein Weinen nicht mehr unterdrücken konnte. Schluchzend und ohne mich noch einmal umzudrehen, rannte ich davon und vergrub mich in meinem Bett. Ich wollte nie wieder aufstehen. Alle, die kamen, um mich zu trösten, habe ich weggeschickt und keinen an mich rangelassen. Ich wollte nichts hören. Was soll man auch einem Kind sagen, das von der eigenen Mutter nicht erkannt wird?

Das war das letzte Mal, dass ich meine Mutter gesehen

habe. Ich habe vieles aus meiner Kindheit vergessen, gute und schlechte Erlebnisse, aber diese Begegnung nicht. Heute noch wache ich schweißgebadet aus Albträumen mit den stets gleichen Bildern auf. Diesen Augenblick, in dem ich auf meine Mutter zulaufe und sie mich von sich wegschiebt und mich nicht erkennt, erlebe ich immer wieder neu. Und die Panik und das Entsetzen sind jedes Mal so schlimm wie damals.

Ich hatte niemanden mehr. Mein Vater war irgendwo in der Welt verschwunden, meine Schwester schien mich vergessen zu haben, der Kontakt zu Tante Brigitte hatte sich verloren, und meine eigene Mutter wusste nicht mehr, dass sie meine Mutter war. Ich war allein. Ich glaube, in diesem Moment begriff ich das erste Mal in vollem Umfang, was das eigentlich bedeutete.

«ERSTE SCHRITTE»

Langweilig war es bei uns nie. Schon allein deshalb, weil man nie wirklich für sich war. Ich hatte also kaum Gelegenheit, mit meinem Schicksal zu hadern. Aber selbst Kinder suchen sich Zufluchtsorte, an denen sie still ihren Gedanken nachhängen und ihre Träume träumen können. Irgendwann entdeckte ich die Dusche als idealen Rückzugsraum. Wollte ich allein sein, bot sich kein besserer Ort. Allerdings musste ich dann bitten, dass ich vor oder nach den anderen duschen gehen durfte. Wie habe ich es genossen, eingehüllt von dem warmen Wasser und dem Rauschen, in eine eigene, geschlossene Welt abzutauchen, in die niemand eindringen konnte. Frau Schenk erinnert sich, dass sie manchmal nachgesehen hat, was ich so lange unter der Dusche machte. «Du standest da und hast ganz versonnen ein Lied vor dich hin gesummt», erzählt sie mit einem Lächeln.

Musik war immer ein Teil meines Lebens. Es wurde im Heim ständig gesungen, und als wir fanden, wir seien alt genug, fand im Kinderheim regelmäßig Disco statt. Die Fenster wurden verdunkelt, und an der Decke drehte sich eine kleine Discokugel. Aus schlechten Boxen wummerten die neusten Hits und alte Songs, die wir in- und auswendig kannten.

Meistens war ich für die Musik verantwortlich. Hierbei galt es natürlich, die 60 : 40-Regel einzuhalten. Das bedeutete, es mussten 60 % Ostmusik und 40 % Westmusik gespielt werden. Aber darauf achtete sowieso niemand so genau. Ich organisierte also die Musik aus den Hitparaden und was wir aus «Formel 1» kannten, und hatte ziemlich schnell den Dreh raus, wie man am besten an die richtigen Platten kam. Glücklicherweise schickte mir meine Oma noch immer Westpakete, die sie an Frau Schenk adressierte. Die gab mir anstandslos alles weiter, auch die verschlossenen Umschläge. Sie hat zwar vermutet, dass darin Geld war, wollte es aber lieber nicht so genau wissen. Mit dem Westgeld zog ich dann los und besorgte mir auf verschlungenen und dubiosen Wegen Schallplatten. Ich weiß nicht mehr, wie, aber ich hatte immer Geld und immer die Musik, die ich wollte. Ein guter Handel war auch stets mit den Postern aus der «Bravo» zu machen. Weiß der Himmel, wo ich die herhatte. Aber es waren heiß begehrte Sammlerobjekte. Für ein kleines konnte ich auf dem Schulhof 20 Mark bekommen, für ein großes sogar bis zu 50 Mark.

Mit Musik kannte ich mich aus. Ich war immer bestens über die neuesten Hits informiert, meistens lange bevor die anderen überhaupt davon gehört hatten. Aber tanzen? Nein, getanzt habe ich nicht. Ich war doch verantwortlich für die elektrischen Geräte – das heißt, ich musste den Recorder und den Plattenspieler installieren und bedienen –, da konnte ich mich bestens hinter der Technik verstecken. Dachte, ich wäre wohl eher Musikexperte als Discokönig.

Ich erinnere mich gerne an meine ersten Tanzversuche. Nicht etwa, weil ich gleich getanzt hätte wie Fred Astaire. Nein, im Gegenteil: Ich habe lange mit mir gerungen, bis ich überhaupt mal aufgestanden bin und versucht habe, meine Schritte dem Rhythmus angemessen hinzubekommen. Ganz langsam habe ich erst das linke Knie gebeugt und dann wieder das rechte, und währenddessen überlegt, wie es wohl aussähe, wenn ich mal einen Schritt nach vorn machte.

Ich war ein pubertierender Junge, schlaksig, und wie viele andere in meinem Alter ein völlig unbeholfenes Koordinationsmonster. Ein tanzender Baumstamm, der über die Tanzfläche wackelte. Kein schönes Bild vielleicht, aber ein schöner Gedanke, denn man sieht, dass ich all diese Hemmnisse überwunden habe. Man kann auf jeden Fall dazulernen, wenn man nur will. So ein Körper macht eben nicht sofort, was man von ihm verlangt. Fast nie. Am Anfang macht er auch gerne mal etwas ganz anderes… Dementsprechend fühlte ich mich auch, denn ich war fest davon überzeugt, dass alle Mädchen dieser Welt sich lustig machen würden und ganz sicher nie eine mit mir tanzen wollte. Mir wäre nicht im Traum eingefallen, ein Mädchen aufzufordern. Wie sollte ich denn den Rhythmus mit einem Mädchen finden, wenn ich noch nicht mal alleine den Takt eines Lieds halten konnte? Tanzen war nichts für mich. Davon war ich überzeugt.

Viel lieber spielte ich Fußball. Weil ich so lang und dünn war, habe ich mir eingebildet, ich sei Brasilianer. Außerdem dachte ich mir, dass ich schon allein durch meine Hautfarbe eher als Brasilianer denn als Deutscher durchging. Wir haben unendlich viel gekickt. Fast jeden Tag haben wir im Heim ein Fußballturnier gehabt – einer der Vorteile des Heimkinddaseins war eben, dass man immer problemlos zwei Mannschaften zusammenstellen konnte.

Später bin ich dann mindestens einmal pro Woche zum Training gegangen. Im Sport entwickelte ich das erste Mal richtig Ehrgeiz und hatte auch Erfolge. Ich sah, dass es sich lohnt, Einsatz zu zeigen, und dass man sich verbessern kann, wenn man an sich arbeitet. Das war mir neu. Aber es gefiel mir. Ich wurde zu den Spartakiaden geschickt und belegte vordere Plätze, immerhin wurde ich mal Zweiter von ganz Friedrichsfelde-Ost – klingt doch nicht schlecht, oder?

Als es später um meine Berufswahl ging, stand ich trotzdem einigermaßen hilflos da. Den Sport zu meinem Beruf zu machen, konnte ich mir nicht vorstellen. Ich probierte alles Mögliche aus. Auf meiner Suche landete ich sogar in der Arbeitsgemeinschaft für Kochen und Backen bei uns im Heim. Es wurde immer sehr darauf geachtet, dass solche Aufgaben nicht als Mädchensache verschrien waren.

In meiner Berufswahl hat mich das zwar meinem Ziel nicht näher gebracht, aber bis heute ist Kochen für mich die beste Entspannung. Ich gehe nur ungern in Restaurants. Da fühle ich mich oft wie im Schaufenster. Irgendwann kommt immer jemand an und schiebt mir zwischen zwei Bissen einen Zettel hin, mit der Bemerkung: «Ich will ja nicht beim Essen stören, aber kannst du mal kurz unterschreiben …». Da bleibe ich lieber zu Hause. Stundenlang stehe ich manchmal in der Küche und mariniere Filets oder lege einen Braten ein. Dabei ist es mir völlig egal, für wie viele Leute ich koche oder wie schnell am Ende alles aufgegessen ist. Vielleicht gehört die Liebe zum Kochen zu dem Wenigen, was mir meine Mutter hinterlassen hat.

«LEBEN IST NICHT WÜNSCH-DIR-WAS»

«Schenks wollen uns vielleicht adoptieren», sagte Dirk.

«Wen?», fragte ich.

«Dich und mich», antwortete Dirk.

«Das wäre was. Du und ich als Brüder.»

«Ja, das wäre was.»

Dirk und ich hofften lange darauf, dass aus diesem Plan Wirklichkeit wurde. Eine Zeit lang sah es auch gar nicht so schlecht aus. Nachdem Frau Schenk nämlich gesehen hatte, wie es um meine Mutter stand, fassten sie und ihr Mann dieses Vorhaben ernsthaft ins Auge. Ihre Kinder waren schon groß, und eigentlich hätten Dirk und ich gut zu den beiden gepasst.

Doch dieser Wunsch wurde immer mehr zur Illusion, denn «Mutter Schenk», wie wir sie liebevoll nannten, hatte mittlerweile den zweiten Herzinfarkt erlitten, und sie wurde zunehmend schwächer statt gesünder. Immer öfter fehlte sie nun. Dirk und ich sahen mal wieder einen Traum dahinschwinden. Kann man sich so an Enttäuschungen gewöhnen, dass man irgendwann einfach darüber hinweggeht? Nur nicht lange traurig sein. Weiter zum nächsten Traum. Um mich selbst zu schützen, habe ich nur noch selten an Versprechen geglaubt.

Ich begann mit dem Gedankenspiel, wer mich sonst adoptieren könnte, jetzt, wo «Mutter Schenk» ja leider ausfiel. Am liebsten wäre ich zu der Fürsorgerin Frau Jokschies gegangen, die ich schon aus dem Kinderheim in der Königsheide kannte. Ihre Tochter Grit kam fast jeden Tag ins Heim, um mit uns zu spielen. Ziemlich schnell wurden wir die engsten Freunde, was zwischen Jungs und Mädchen eher ungewöhnlich ist. Wir waren nie ein Paar, und vielleicht sind wir gerade deshalb heute noch befreundet.

Wenn sie abends mit ihrer Mutter vom Heim nach Hause ging, habe ich ihnen oft nachgeschaut. Da gingen die beiden nebeneinanderher, Grit redete auf ihre Mutter ein, erzählte ihr von unseren Streichen, und Frau Jokschies lachte und gab ihr im Spaß einen Klaps auf den Po. Wenn ich jetzt mitgehen könnte, dachte ich damals.

Aber als Heimkind lernst du schnell, dass das Leben nicht nach dem Motto Wünsch-dir-was abläuft. Wenn ich mich manchmal in die eine oder andere Familie träumte, wusste ich immer, dass daraus nie Wirklichkeit werden würde. Deshalb habe ich auch nie darüber gesprochen. Lieber sollte es mein geheimer Wunsch bleiben, als dass ich mir eine Abfuhr holte. Dabei gab es sogar mal eine Familie, die mich unbedingt adoptieren wollte. Als wir Heimkinder in einem Ferienlager im Erzgebirge waren, fiel ich dem Lagerleiter und seiner Frau auf. Denn mit meinem lockigen Haar und meiner dunklen Hautfarbe war ich für viele ein exotischer Anblick. Die beiden waren so vernarrt in mich, dass sie mich näher kennen lernen wollten. Bald war Weihnachten, und das Ehepaar lud mich über die Feiertage zu sich nach Hause ein. Sie versuchten alles, um es mir schön zu machen – und es gefiel mir auch bei ihnen auf dem Land. Ich hatte sogar Spielsachen und ein eigenes Zimmer. Lediglich der Silvesterkarpfen nach traditioneller Art war scheußlich.

Die Tage vergingen schnell, und eigentlich fehlte es mir an nichts. Und doch – als dann die Entscheidung anstand, ob ich bleiben wollte oder nicht, bekam ich plötzlich große Angst. Ich vermisste meine vertraute Umgebung. Ich sehnte mich nach meinen Freunden und dem Leben in Berlin. So schön es auch bei der Familie im Erzgebirge war, es war mir doch alles fremd. Und so nahm ich den grusligen «Karpfen blau» zum Vorwand und beschloss, wieder zurück ins Heim zu fahren.

Denn dort lief es gerade wunderbar. Gemeinsam mit meinem Freund Andreas hatte ich mir mittlerweile eine gewisse Autorität im Heim verschafft. Wir waren die Anführer, inzwischen alte Hasen, und mit allen Heimwassern gewaschen. Neuankömmlinge mussten nach unseren Bestimmungen erst einmal einen Test machen. Im Waschraum ließen wir sie Liegestütze machen, bis sie erschöpft liegen blieben. Harte Sitten, finde ich heute, aber Kinder sind hart. Härter als so mancher Erwachsene.

Außerdem hatte ich mir gewisse Privilegien erarbeitet. Mit Schokolade und Matchbox-Autos hatte ich einen lukrativen Tauschwert und konnte mich so von unliebsamen Pflichten freikaufen. Heimregel war, dass einer aus der Gruppe jeden Abend mit dem Wäschebeutel durch die Zimmer ging und überall die Schmutzwäsche einsammelte. Wie ich das hasste, die dreckige Wäsche von anderen anzufassen! Es kostete mich nicht viel, und Michaela übernahm das für mich. Sie brauchte ich noch nicht mal mit Schokolade zu bestechen, denn sie hat es auch für einen Kuss gemacht.

Wenn ich so darüber nachdenke, fällt mir auf, dass wir mit Zärtlichkeiten untereinander sowieso sehr freigebig waren. Es gab ja ausreichend Gelegenheit – auf den langen Fluren im Heim konnte man immer eine geeignete Nische finden, und interessierte Partner gab es genügend. Vor allem nachts, wenn die Nachtwachen kamen, die sich im Heim bei weitem nicht so gut auskannten wie wir, sind wir zu den Mädchenzimmern gewandert oder die Mädchen kamen zu uns. Es war alles nicht so ernst und kompliziert, man musste nicht erst lange «miteinander gehen» oder irgendwelche Treueschwüre ablegen, bis man sich anfassen durfte. Wir waren einfach neugierig und haben gegenseitig unsere Körper erforscht – ohne Zwang und ohne Tabus. Ich wundere mich selbst, aber diese ersten erotischen Erfahrungen haben mich nicht besonders beeindruckt, denn ich war in keines der Mädchen verliebt. Mit Liebe hatte das nichts zu tun.

Dennoch verbrachte ich die meiste Zeit – außer mit meiner besten Freundin Grit – mit den Jungs. Mit denen konnte man Fußball spielen oder Altstoffe sammeln. Eigentlich gehörte das Altstoffesammeln in die Kategorie «Timurarbeit». Denn meistens gingen die Pioniere am so genannten Pioniernachmittag von Haus zu Haus, klingelten überall und fragten artig: «Haben Sie nicht Altpapier, Flaschen, Gläser oder Schrott?» Denn alles das, was heute in die Glas- oder Papiercontainer geschmissen wird, wurde damals in die Sekundärrohstoff-Annahmestelle – kurz auch Sero genannt – gebracht, und dort bekam man dann Geld dafür. Nicht so viel wie für Pfandflaschen, aber immerhin. Die Pioniere haben natürlich nicht für sich selbst gesammelt, sondern für die Solidarität, ganz im

Sinne des Staates und unserer Erziehung. Das, was wir erwirtschafteten, wurde für arme Kinder in Nicaragua, Äthiopien oder wo auch immer gerade Bedarf war, gespendet.

Andreas, Dirk und ich hatten damit eine gute Methode, Geld zu verdienen, entdeckt. Wir besorgten uns einen Handwagen und klapperten die Häuser ab. In der Regel hat man uns bereitwillig alles, was da war, gegeben und uns mit einem anerkennenden Blick auf den Weg geschickt. Denn für die Solidarität hat natürlich jeder gern etwas gegeben. Dass es für die Solidarität mit uns und nicht mit Nicaragua war, behielten wir für uns.

Einmal haben wir uns sogar eine Sammelbüchse gebastelt und sind damit durch die Straßen gegangen und haben behauptet, wir sammelten für Polen. Skrupel hatte offensichtlich keiner von uns. Wir waren ja irgendwie auch bedürftig, fanden wir. Obwohl es mir heute eher peinlich ist, mich daran zu erinnern.

Damals hatte ich eben die typischen Jungsgeschichten im Kopf: Fußball, Geldverdienen und Autos. Andreas und ich wollten unbedingt Auto fahren, wollten aber nicht warten, bis wir erwachsen waren. Deshalb traten wir in die GST – Gesellschaft für Sport und Technik – ein. Das war ein Verein für vormilitärische Ausbildung, bei dem wir neben Schießübungen vor allem mit Technik zu tun hatten. Das Wichtigste für uns aber war, dass wir Auto fahren lernen konnten. Wir durften noch vor der Volljährigkeit den Führerschein machen, der uns dann mit dem 18. Geburtstag ausgehändigt wurde. Das war wahrscheinlich der Grund, warum die meisten überhaupt in die GST eingetreten sind.

«DIE NACHT DER LEBENDEN TOTEN»

Diese Zeit im Heim war mit Abstand die glücklichste. Wenn ich daran zurückdenke, erscheint sie mir manchmal wie ein Kinderparadies, eine Aneinanderreihung von Höhepunkten. Die Erzieher machten mit uns Ausflüge in die Umgebung oder organisierten Veranstaltungen. Man gab sich redlich Mühe, den Heimkindern ein abwechslungsreiches Leben zu bieten. Das war der offizielle Teil. Aber dazu gab es noch den inoffiziellen Teil, den die meisten von uns wesentlich interessanter fanden. Dazu gehörten auch Ausflüge in die Umgebung – nämlich in die Mädchenzimmer – und organisierte Veranstaltungen – nämlich das heimliche nächtliche Fernsehen.

Eine dieser heimlichen Fernsehnächte werde ich nie vergessen. Sie veränderte mein gesamtes Leben. Und das sage ich nicht einfach so dahin, es entspricht der Wahrheit. In dieser Nacht stellten sich die Weichen. Es war die Nacht der lebenden Toten. Es war die Nacht von «Thriller».

Den ganzen Tag über war im Fernsehen – natürlich Westfernsehen – für kurz nach Mitternacht ein Musikfilm mit Michael Jackson angekündigt worden. Auch wenn es uns niemand ausdrücklich erlaubte, Westfernsehen einzuschalten, fanden wir immer Wege, es doch zu sehen.

Mit Gruselgeschichten und anderen Albernheiten hielten Dirk und ich uns wach. Wir durften den Film mit Michael Jackson auf keinen Fall verpassen. Uns war klar, dass dieses Videoclip etwas ganz Besonderes sein musste, so viel Wirbel, wie überall darum gemacht wurde. Kurz vor zwölf war es endlich so weit. Wir stahlen uns aus unserem Zimmer und passten die Nachtwache ab. Wie eine kleine Karawane schlichen wir auf Zehenspitzen den Gang entlang zum Fernsehraum. Hier und da öffneten sich lautlos die Türen. Immer mehr Kinder schlossen sich uns an. Irgendjemand schaltete den Fernseher an, wir alle hockten uns auf das Sofa. Gespannt warteten wir auf «Thriller». Die Ansagerin verschwand vom Bildschirm, und alles wurde schwarz. Auf Englisch stand dort etwas geschrieben, das keiner von uns so schnell verstand. «Was heißt das denn?», «Was stand denn da?», fragten alle durcheinander. «Pssst. Ruhe jetzt. Pssst, Mann!» Dann ging es los. Keine Musik. Nur Michael und ein hübsches schwarzes Mädchen auf einer romantischen Autofahrt im Vollmondlicht. Das Auto hat kein Benzin mehr. Sie müssen aussteigen. Die Nacht ist dunkel, um sie herum nichts als Wald. Gerade haben sie sich noch ihre Liebe gestanden, da verwandelt Michael sich plötzlich in einen Werwolf! Die Mädchen konnten nur mit Mühe ihre Schreie unterdrücken. Es war aber auch zu gruselig. Der Film läuft fast fünf Minuten, bevor die Musik anfängt, aber kaum dass der Beat einsetzt, fängt Michael auch schon an zu tanzen. Um ihn herum steigen die Toten aus ihren Gräbern. Schon bei den ersten Szenen wurde mir plötzlich ganz kalt, aber nicht vor Grusel, sondern vor Anspannung.

Noch nie zuvor hatte ich jemanden so tanzen sehen. Natürlich kannte ich die stereotypen Discobewegungen, doch mit denen hatte ich nie etwas anfangen können.

Aber das, was Michael Jackson machte, sah ganz anders aus. Wir waren mucksmäuschenstill, als die Toten Michael und seine Freundin umringen, der Kreis wird immer enger, und dann, dann beginnen sie zu tanzen. Diese hässlichen Fratzen und Michael Jackson in seinem knallroten Anzug und mit glühenden Augen. Sie tanzten einfach unglaublich. Es war eine richtige Interpretation dieses Songs, eine Inszenierung mit eigener Choreographie und Effekten.

Als nach einer guten Viertelstunde alles vorbei war, brach plötzlich ein richtiger Tumult im Fernsehraum aus. Jeder versuchte das zu wiederholen, was er sich gemerkt hatte, einige sangen ein paar Zeilen, manche imitierten die Handbewegungen, und ich machte meinen ersten «Moon Walk». Wir hüpften auf dem Flur umher, ohne an die Nachtwache zu denken. Immer wieder probierte ich die Schritte, die ich gerade gesehen hatte, nochmal und nochmal.

Auf einmal schoss es mir durch den Kopf: Ich wollte so sein wie Michael Jackson. Ich wollte tanzen wie er. Und wenn ich mich so umsah, hatte ich doch gute Chancen. Mein Vorteil war, dass meine Hautfarbe seiner recht ähnlich war, damals zumindest noch. Wie er, hatte ich schwarze, krause Haare. Und dass die Frisur nicht stimmte, ließ sich ändern.

Die Nachtwache, die uns nun doch nicht mehr überhören und -sehen konnte, jagte uns in unsere Zimmer. Doch wir waren kaum ruhig zu kriegen. Irgendwann, als wir uns tausendmal versichert hatten, dass dieser Film das Coolste aller Zeiten war, schlief dann auch ich ein. Beseelt von dem Gefühl, zu wissen, was ich zu tun hatte.

Auch am nächsten Tag in der Schule gab es kein anderes Thema als «Thriller». Obwohl es mitten in der Nacht gesendet worden war und wir erst zwölf Jahre alt waren, hatte es kaum einer verpasst. Jeder versuchte irgendwie, Michael Jackson nachzumachen. Ich natürlich auch. Und dabei fühlte ich mich wie auf Wolken, denn ich wusste, ich war auf dem richtigen Weg. Ich war auf *meinem* Weg. Das spürte ich ganz deutlich.

Von nun an ließ ich keine Gelegenheit aus, mir dieses Video anzusehen, immer wenn «Hitparade» gezeigt wurde, versuchte ich in die Nähe eines Fernsehers zu kommen. Und wie oft im Leben hat sich auch diesmal alles wunderbar gefügt.

«ES GEHT BERGAUF»

Es ist ja oft so bei Puzzles, wenn man erst mal das richtige Teilchen vom Himmel gefunden hat, geht der Rest plötzlich wie von selbst. Es war, als hätte Michael Jackson die ganze Zeit gefehlt, aber jetzt, wo er da war, fielen plötzlich eine Reihe Puzzlestücke an ihren Platz.

Als wir eines Tages wieder im Garten des Heimes Fußball spielten, hörte ich auf einmal jemanden meinen Namen rufen: «Deddy!» Verwundert schaute ich mich um. So hatte mich lange keiner mehr genannt. So riefen mich doch nur die Leute zu Hause. Da erblickte ich Tante Brigitte, die hinter dem Zaun stand und herüberwinkte. Glücklich, ein bekanntes Gesicht zu sehen, rannte ich auf sie zu. Ich war ganz aufgeregt. Sie aber auch.

Atemlos und völlig durcheinander erzählten wir uns im Schnelldurchlauf, was in den letzten Jahren passiert war. Sie hatte den Kontakt zu meiner Mutter verloren und nicht gewusst, was aus mir geworden war. Sie hatte immer wieder überlegt, ob sie mich zu sich nehmen könnte. Doch das war nicht so einfach, denn sie hatte ständig Ärger mit den Behörden. «Wegen ihrer Beziehungen zu Ausländern», teilte man ihr mit. Mehrmals wurde sie deshalb verhört, Briefe aus dem Westen kamen nicht bei ihr an, oder ihre Liebhaber wurden bei der Einreise aus Westberlin schikaniert.

Angesichts dieser Erlebnisse war sie völlig resigniert und glaubte nicht, dass es ihr erlaubt werden würde, mich zu adoptieren. Sie tröstete sich mit der absurden Idee, dass man mich zu meinen Verwandten nach Westdeutschland geschickt hätte. Schade, dass Tante Brigitte nie ernsthaft versucht hat, mich zu sich zu nehmen. Vielleicht wäre ja das Wunder geschehen, auf das ich so lange gehofft hatte, und man hätte es ihr gestattet.

Jetzt erfuhr ich, dass Tante Brigitte nur ein paar Blöcke vom Heim entfernt wohnte. Sie versprach mir, mich zu besuchen, und auch ich dürfe zu ihr kommen, wann immer ich mich einsam fühlte. Von da an war ich öfter bei ihr, habe Kuchen gegessen und ferngesehen, vor allem die «Hitparade».

Michael Jackson ging mir nicht mehr aus dem Kopf. Als Erstes ließ ich mir die Haare schneiden und knetete und kämmte sie dann mit einer selbst gemixten Masse aus Eiweiß, Zucker und Zitrone so lange, bis sie so lagen wie bei ihm. Zumindest bildete ich mir das ein. In Wirklichkeit sah es wohl eher so aus wie ein Feuerwehrhelm.

Meine Hosen brachte ich zur Schneiderei im Heim und ließ sie komplett ändern. Am Hintern sollten sie ganz eng sitzen, und an den Beinen konnten sie nicht weit genug sein. «Schlamperjeans», nannte Frau Schenk das zwar immer, aber ich wusste genau, was ich wollte, und ließ mich nicht davon abbringen. Auch die Schneiderin verstand nicht wirklich, was ich von ihr wollte, war aber experimentierfreudig genug und froh, mal einen besonderen Auftrag zu bekommen, sodass sie geduldig Keile in meine Hosenbeine nähte.

Jetzt musste ich nur noch lernen, mich so perfekt wie

möglich zu bewegen. Genauso wie mein Superstar. Das war gar nicht so einfach. Jeden Abend, wenn es draußen dunkel war und man sich in der Fensterscheibe spiegeln konnte, habe ich in unserem Zimmer gestanden und stundenlang Übungen gemacht. Es dauerte nicht lang, und meine Zimmergenossen waren völlig entnervt von meiner pausenlosen Rumhopserei. Trotzdem haben sie es auch bewundert. In kürzester Zeit war es mir gelungen, mein Äußeres komplett zu verwandeln. Bei ihnen im Zimmer wohnte jetzt einer, der hatte nun ziemlich viel Ähnlichkeit mit Michael Jackson. Und ein bisschen so tanzen wie Jacko konnte er auch.

Michael Jackson hat tatsächlich mein Leben umgekrempelt. Keiner auf dem Schulhof konnte besser Michael Jackson tanzen, und in der Disco lief ich bald zu Hochform auf. Das war der Moment, in dem ich spürte, dass ich Eindruck bei den Mädchen machte. Andrea aus meiner Klasse brachte mir nun jeden Morgen eine Riesentüte vom Bäcker mit. Darin waren mindestens sieben Spritzkuchen und Amerikaner. Mit Süßigkeiten war ich noch immer leicht herumzukriegen. Andrea hatte sogar Erfolg mit ihrem Kuchen, denn eine Weile waren wir dann tatsächlich zusammen. Ein paar Wochen oder so. Wie es eben so ist, wenn man zwölf Jahre alt ist und denkt, dass man aussieht wie Jacko.

Tanzen war auf einmal wie ein Virus. Immer wieder kamen Jungs und Mädchen zu mir und wollten wissen, wie ich das denn genau machte. Ich zeigte ihnen alles, was ich konnte. Damals übte ich zum ersten Mal das, was später mein Beruf werden sollte: Choreograph und Tänzer. Aber bis dahin war es noch ein weiter Weg.

Neben Michael Jackson war zu jener Zeit vor allem die Neue Deutsche Welle in den «Hitparaden», und als 1983 «Geier Sturzflug» mit dem Song «Bruttosozialprodukt» rauskam, konnte ich endlich meine bei Michael Jackson abgekupferten Schritte zu einer neuen Choreographie zusammenstellen. Alle aus meiner Gruppe tanzten zu diesem Lied und wollten es so machen, wie ich es ihnen zeigte. Es sah zwar eher nach einer eigenartigen Mischung aus Breakdance und Faschings-Polonaise aus, aber es war meine erste eigene Choreographie, die ich außerdem noch flächendeckend unter die Leute bringen konnte. Was wollte ich mehr für den Anfang? Keiner konnte mehr ohne dieses Lied leben, und wenn man durch den langen Heimflur ging, hörte man aus jedem Zimmer, wie sie alle in die Hände spuckten, um das Bruttosozialprodukt zu steigern.

Das erste Mal hatte ich das Gefühl, dass es in meinem Leben bergauf ging. Ich hatte ein Vorbild gefunden und damit auch meinen Stil. Es gefiel mir, mich in gewisser Weise zu verkleiden. Ich merkte, dass sich mit den Klamotten auch die innere Haltung verändert. Seitdem ziehe ich nie gedankenlos irgendetwas an, sondern achte darauf, was meine Kleidung über mich verrät.

«UND WO WOHNST DU?»

Schlagartig wurde ich nun so eine Art Mädchenschwarm. Im Ferienlager in Waldheim, der Stadt mit dem berüchtigten Gefängnis, fand ich eines Abends einen Brief in meinem Bett. Mein erster Liebesbrief. Er war von Kerstin, dem hübschesten Mädchen des Ferienlagers. «Lieber Detlef, von allen Jungs gefällst du mir am besten. Du tanzt wirklich toll.»

Die Augen von den Jungs aus meinem Zimmer hättet ihr sehen sollen! Die waren vielleicht neidisch, als ich ihnen meinen Brief zeigte. Ja, ich gebe zu, ich konnte diesen Brief nicht still und heimlich genießen. Ich war so stolz, dass ich damit ganz schön angegeben habe. Kerstin, die süße Kerstin, fand *mich* am besten! Leider war das Ferienlager schon fast zu Ende. Es blieb nur noch die Abschlussdisco am nächsten Abend. Da würde ich nochmal allen zeigen, was ich konnte. Vor allem Kerstin.

Die Tanzfläche war meine Bühne. Im Halbdunkeln zum Discolicht wirbelte ich herum, tanzte und tanzte. Ich war der Star des Abends. Schwierig wurde es erst, als ich mit Kerstin zusammen tanzen wollte, denn das ist ja nun wieder etwas ganz anderes. Da helfen die Michael-Jackson-Schritte so gut wie gar nichts.

Doch als der Song «Hello» von Lionel Richie kam, war Engtanz angesagt. Unbeholfen legte ich Kerstin die Arme um die Hüften, sie legte ihren Kopf an meinen, und so schob ich uns mit winzig kleinen Schritten leicht wiegend hin und her. Und da kam mir die geniale Idee, ihr immer, wenn Lionel Richie sein herzzerreißendes «Hello» sang, ein leises «Hälloh» ins Ohr zu hauchen. Das hatte eine unglaubliche Wirkung. Jetzt sollten wir wirklich nicht noch mehr Zeit auf der Tanzfläche verschwenden. Das Lied war noch nicht ganz zu Ende, da nahm ich sie bei der Hand und zog sie raus in die dunkle Nacht. Wir schlichen uns heimlich davon und suchten uns ein Versteck, in dem wir endlich knutschen konnten. Das war gar nicht so einfach, denn in jeder Ecke wurde wild geturtelt, schließlich war es ja der letzte Abend. Souverän steuerte ich uns durch die Dunkelheit. Ich wollte unbedingt erwachsen wirken, bloß nicht den tollen Eindruck kaputtmachen, den ich mir ertanzt hatte. Doch kaum hatten wir einen Platz zum Kuscheln gefunden, war ich völlig nervös. Ich glaube, wir setzten uns auf einen Baumstamm, vielleicht war es aber auch eine Bank, und sahen uns an. Ich umarmte sie. Eher ungelenk küssten wir uns und machten alles so, wie wir damals dachten, dass man es macht. Auch wenn es nicht das erste Mal war, dass ich ein Mädchen in den Armen hielt, so war es doch das erste Mal, dass ich dabei dieses bestimmte Kribbeln im Bauch hatte. Ich war wahnsinnig aufgeregt, mein Herz klopfte mir wie wild bis zum Hals, während Kerstin mich an sich zog. Hätten nicht irgendwann die Erzieher mit Taschenlampen all die kleinen Liebespärchen aus ihren Ecken geholt, wäre ich wahrscheinlich noch ohnmächtig geworden.

Am nächsten Morgen, als unser Gepäck in die Busse geladen wurde, standen wir ein wenig abseits zusammen.

«Gibst du mir deine Adresse?», fragte ich Kerstin. Sie nickte und zog einen Zettel aus der Tasche, auf den sie schon in Schönschrift alles aufgeschrieben hatte. «Na, und du, wo wohnst du?», fragte sie dann. Bevor ich antworten konnte, fuhr ein Erzieher dazwischen: «Los jetzt, Detlef, steig endlich ein, wir wollen hier nicht bis morgen stehen!» Beim Einsteigen rief ich ihr noch zu, dass ich mich bei ihr melden würde: «Auf jeden Fall!» Wir winkten uns, und ich dachte: Jetzt hast du eine richtige Freundin.

Doch als ich nach ein paar Tagen nach Köpenick zu ihr fuhr, sollte der Traum schon platzen. Mit Herzklopfen, so laut, dass es bis nach Pankow zu hören war, stand ich vor Kerstins Haustür. Ich atmete ein paar Mal tief durch und klingelte schließlich. Ich hörte, wie jemand zur Tür kam und durch den Spion schaute. Ich winkte und dachte, jetzt sähe sie mich und freute sich bestimmt… Doch stattdessen hörte ich, wie sich auf der anderen Seite jemand leise wieder von der Tür wegschlich. Ich klingelte noch ein paar Mal, klopfte und rief laut. Was sollte das denn jetzt bedeuten? Das konnte doch nur ein Missverständnis sein. Ich stand noch lange dort vor ihrem Haus und versuchte zu verstehen, was passiert war. Irgendwann, als es schon längst dunkel war, musste ich schließlich wieder zurück ins Heim. Dort erzählte mir Andreas, der ebenfalls mit im Ferienlager gewesen war, dass er am letzten Discoabend einem Mädchen aus Kerstins Gruppe erzählt hatte, dass wir aus dem Heim sind. Da wurde mir einiges klarer. Kerstin wollte nichts mit einem Heimkind zu tun haben. Im Ferienlager war ich ihr gut genug, aber nun hielt sie lieber Abstand.

Mehr als zehn Jahre später, bei einem Auftritt in einem

Autohaus in Köpenick, habe ich Kerstin wiedergesehen. Ich entdeckte sie mitten in der Show, während ich auf der Bühne tanzte. Da bemerkte ich ihren irritierten Blick. Für mich war die Situation eine späte Genugtuung, denn aus der so hübschen Kerstin war mittlerweile eine ziemlich übergewichtige Mama geworden, die vor Staunen ihren Mund nicht mehr zukriegte.

Ich hoffe, sie hat sich in diesem Moment für ihre Überheblichkeit gegenüber einem Heimkind geschämt. Denn wegen ihr, wegen ihres pubertären und zickigen Verhaltens habe *ich* mich das erste Mal richtig dafür geschämt, ein Heimkind zu sein. Dieses Gefühl wurde ich nie wieder los, und der Wunsch nach einer Familie wurde immer stärker. Ich wollte endlich eine Familie, egal, was für eine.

«ENDGÜLTIG»

Im Februar 1984 erfuhr ich vom Tod meiner Mutter. Der Moment, in dem man mir diese Nachricht überbrachte, ist komplett aus meinem Gedächtnis gelöscht. Ich erinnere mich an nichts. In meiner Jugendamtsakte steht, dass es Frau Friedrich war, die es mir gesagt hat. Zur Beerdigung nach Wilhelmsruh hat mich dann meine Erzieherin Frau Schenk begleitet. Es war eine merkwürdige Situation, alles war so unwirklich. Plötzlich war nach Jahren meine Familie wieder da, alle auf einmal. Bei diesem traurigen Anlass traf ich dann meine Oma aus Pforzheim zum ersten Mal. Nach so vielen Jahren, zahllosen Paketen und Briefen stand sie plötzlich vor mir, zusammen mit meiner Schwester Evelyn und meinen Onkeln und Tanten – sogar Günter Soost war gekommen. Ich war völlig durcheinander. Einerseits war ich glücklich und aufgeregt, sie alle zu sehen. Doch andererseits war der Anlass furchtbar. Während der Trauerfeier merkte ich, dass ich gar nicht traurig sein konnte. Wir standen am Grab meiner Mutter, und sicher erwarteten alle, dass ich weinte. Aber ich konnte nicht. Ich fühlte nichts als Leere. Ich hatte schon längst Abschied genommen, und zwar an dem Tag, als meine Mutter mich nicht mehr erkannt hatte.

Damals wurde mir gesagt, dass meine Mutter an einem Gehirntumor gestorben sei, mehr nicht. Es war damals auch nicht wichtig für mich, mehr über die Umstände ihres Todes zu erfahren. Warum auch? Sie war weg, endgültig weg, fast als wäre ihre Beerdigung jetzt die offizielle Bestätigung für ihre schon Jahre andauernde Abwesenheit.

Aber als ich dieses Jahr auf die Suche nach meiner Kindheit ging, wollte ich auch über die Krankheit meiner Mutter genauer Bescheid wissen. Was für ein Tumor war das gewesen? Und war dies der Grund, weshalb sie so lange krank war? Und kann man über Jahre an einem Tumor leiden? Als ich meine Schwester danach fragte, erzählte sie mir, was wirklich geschehen war:

Als meine Mutter starb, hatte Evy schon längst ihr zweites Kind bekommen und lebte mit ihrer Familie ihr eigenes Leben. Zu unserer Mutter hatte sie nur noch selten Kontakt, sie wurde ohnehin immer nur von ihr beschimpft. Doch eines Tages bekam sie eine Nachricht von der Wohnungsverwaltung, dass die Miete für die Wohnung meiner Mutter im Januar nicht bezahlt worden war. Das machte meiner Schwester dann doch Sorgen.

«Da stimmt was nicht», antwortete sie dem Mann von der Verwaltung und ging gemeinsam mit ihm zur Wohnung. Es war abgeschlossen. Alles Klingeln und Klopfen blieb unbeantwortet. Bald ging die Tür der Nachbarwohnung auf. «Ihre Mutter, die habe ich schon seit Weihnachten nicht mehr gesehen», meinte die Nachbarin. Evy wurde jetzt wirklich unruhig und holte den Hausmeister. Da die Wohnung im Erdgeschoss lag, stieg er über das Fenster ein.

Nach wenigen Augenblicken erschien er kreideweiß in der Wohnungstür. Nicht nur der Anblick, auch der Geruch hatte ihm zugesetzt. Gemeinsam mit der Polizei wagte dann auch meine Schwester, die Wohnung zu betreten. Es sah aus wie ein Schlachtfeld. Jemand hatte hier mit Bärenkräften randaliert. Der Herd war aus der Verankerung gerissen und umgekippt. Im Bad lag ein Beil, mit dem das Waschbecken komplett zerschlagen worden war, nichts stand mehr an seinem Platz. Der Boden war mit Scherben übersät, und mitten in diesem Chaos lag meine Mutter. Vermutlich schon seit Wochen.

Die Autopsie hat ergeben, dass sie offensichtlich verhungert und verdurstet ist. Wahrscheinlich hatte sie im Wahn völlig den Bezug zur Realität verloren und noch nicht einmal mehr das Bedürfnis nach Essen und Trinken gespürt. Man fand tatsächlich auch einen Gehirntumor, der aber nicht die Todesursache war. Es ist jedoch wahrscheinlich, dass dieser Tumor den Zustand meiner Mutter, ihre Psychosen und Anfälle, noch verschlimmert hat.

Dass es so enden musste. Hätte sie solch ein elendes Ende genommen, wenn ich noch bei ihr gewesen wäre? Wer kann das wissen? Es waren fast 20 Jahre vergangen, als ich die wahren Umstände ihres Todes erfuhr. Diese Geschichte hat mich wahnsinnig erschüttert.

Was ist es für ein würdeloser Tod, den man stirbt, wenn einen niemand vermisst? Wochenlang ist es niemandem aufgefallen, dass meine Mutter nicht mehr da war. Wieso haben die Nachbarn nicht reagiert, sie müssen doch gehört haben, wie sie randalierte? Waren sie es schon so gewohnt, dass sie sich nichts dabei gedacht haben?

Ich denke oft über das tragische Leben meiner Mutter nach, die alle als einst so lebenslustig beschreiben. Eine komplizierte, nicht heilbare Krankheit und der einmalige

Seitensprung haben ihr Leben aus der Bahn geworfen – so sehr, dass sie völlig einsam und unbemerkt den Tod fand.

Nachdem mir Evy all das erzählt hatte, bin ich zum ersten Mal seit der Beerdigung wieder auf den Friedhof gefahren. Ich habe beschlossen, die Grabstätte zu verlängern, sonst wäre sie demnächst aufgelöst worden. Das ist das Einzige, was ich noch tun kann. Sie hatte kein schönes Leben, daran konnte auch ich nie etwas ändern, aber jetzt soll sie noch ein paar Jahre ein schönes Grab haben, dafür will ich sorgen.

Langsam, Schritt für Schritt schließe ich Frieden mit meinem Leben.

«FAMILIE FRIEDRICH»

Was für eine Achterbahn mein Leben war! Ein einziges Auf und Ab. Eben noch war ich Michael Jacksons Miniaturausgabe und dann wieder ein gebrochener Junge, entwurzelt und allein.

Der Tod meiner Mutter und das Wiedersehen mit meinen Verwandten hatte mich offensichtlich doch mehr aufgewühlt, als man es mir auf den ersten Blick anmerkte, und wohl auch mehr, als ich es mir selbst eingestand. Bis dahin war ich ein relativ guter Schüler gewesen, doch nun ging es rapide abwärts. In fast allen Fächern verschlechterte ich mich um ein bis zwei Noten, und keiner konnte sich das erklären.

Um mich aufzufangen, lud mich Frau Friedrich nun fast jedes Wochenende zu sich ein. Sogar in den Ferien bin ich gemeinsam mit ihr und Christine verreist. Wir fuhren zum Wandern ins Erzgebirge. Wie immer in der ersten Nacht in einem fremden Bett, habe ich auch dort wieder ins Bett gemacht. Frau Friedrich schimpfte nicht, sondern half mir aus der Misere, indem sie zur Tarnung Karottensaft über das Bettzeug schüttete. Das war das einzige Mal, dass sie so etwas wie Humor zeigte, ich war wirklich richtig erstaunt. Aber diese Überraschung blieb einmalig. Und meine Tage als Bettnässer waren danach auch endgültig vorbei.

Nicht nur mit Familie Friedrich hatte ich nun mehr zu tun, auch meine Schwester traf ich jetzt öfter. Einmal haben wir sogar mit Günter, ihrem Vater, einen Ausflug gemacht. Das war zwar irgendwie eine absurde Situation, aber mir hat es Spaß gemacht. Die Besuche bei meiner Schwester gaben mir endlich wieder das Gefühl, dass ich auch eine Familie und echte Verwandte hatte. Und manchmal, an den besonders schönen Wochenenden, fühlte ich mich wie alle anderen Kinder: Ich packte meine Tasche und fuhr zu meiner Familie. Endlich.

Die Feiertage verbrachte ich von nun an nicht mehr im Heim, sondern meistens bei Familie Friedrich. Zur Jugendweihe, die ich mit Christine zusammen hatte, lud Frau Friedrich nicht nur mich, sondern sogar meine Schwester ein – eine nette Geste. Da stand ich dann mit meiner braunen Cordhose und meinem weißen Pulli, der auf einer Seite einen damals todschicken Netzeinsatz hatte, auf der Bühne des Kinos «International». Mit der Zeremonie konnte ich nicht viel anfangen, aber ich war glücklich und stolz, dass Evy im Publikum saß. Der heiß ersehnte Familienfrieden hing aber schon bald schief. Wir saßen noch nicht beim Kaffee, da gab es Zoff mit Frau Friedrich wegen der Geschenke. Meine Pforzheimer Oma hatte mir Geld für einen Kassettenrecorder geschickt, mein sehnlichster Wunsch. Das Geld hatte allerdings Frau Friedrich zur Aufbewahrung bekommen – und sie hatte auch den Recorder besorgt. Ich war skeptisch. Wieso konnte ich mein Geld nicht selbst verwalten? Ich unterstellte ihr, dass sie das Restgeld – wahrscheinlich gab es überhaupt keines – einfach behalten hätte. Ich saß da mit meinem roten Monorecorder auf den Knien und fand plötzlich, dass Christine viel mehr Geschenke hatte und ich völlig benachteiligt wurde.

Typisches Heimkindverhalten, würde ich heute mit Kennermiene sagen. Ich nölte während der gesamten Feier herum und habe wahrscheinlich allen den Tag verdorben. Doch all das hat Frau Friedrich trotzdem nicht abgeschreckt, mich weiterhin zu sich einzuladen.

Wie oft ich sie auch besuchte, als Familie habe ich die Friedrichs nie empfunden. Ich freute mich auf die Ausflüge, die Paddeltouren, die Reisen. Aber richtig begeistert war ich merkwürdigerweise nie. Die Erzieher wunderten sich immer, warum ich so niedergeschlagen wirkte, wenn ich nach dem Wochenende ins Heim zurückkehrte. Dann brauchte ich erst ein paar Stunden, bis ich zu meiner gewohnten Fröhlichkeit fand.

Es war eine andere Welt bei den Friedrichs. Es ging immer sehr leise zu bei ihnen. Ich habe mich nie getraut, laut zu lachen, geschweige denn, mal laut Musik zu hören. Nein, so eine Familie war das nicht. Als Frau Friedrich und Christine einmal zu einem Fest zu uns ins Heim kamen, waren sie am Ende völlig entsetzt, wie laut es da war. «Das, was uns erfreute, die Fröhlichkeit der Kinder, konnte Frau Friedrich nicht ertragen», erinnert sich Frau Schenk. Im Nachhinein habe ich erfahren, dass keiner meiner Erzieher sich erklären konnte, weshalb Frau Friedrich sich so um mich bemühte. Man spürte bei ihr nur ein diffuses Pflichtgefühl. Dennoch berieten die Heimleitung und Frau Friedrich, ob ich nicht ganz bei ihr wohnen könnte. Auch ich wurde gefragt, und nach kurzem Abwägen entschied ich: «Warum nicht. Versuchen wir es miteinander.»

Für mich war es ein Schritt in die Normalität. Mittlerweile hatte sich im Heim auch einiges verändert: Viele meiner Freunde waren entlassen worden – zu ihrer Familie zurück oder zu Pflegefamilien, und Mutter Schenk hatte wegen ihrer Krankheit aufgehört zu arbeiten. Und immer noch, wie ein kleiner gemeiner Stich, der nicht aufhören will zu kratzen, spukte mir die Geschichte mit Kerstin durch den Kopf, die nicht mit mir zusammen sein wollte, weil ich ein Heimkind war. Diesen Makel wenigstens konnte ich jetzt ablegen. Das Heimkind Detlef bekam eine Familie. Ich zog aus.

«ZWISCHEN DEN WELTEN»

Der lang ersehnte Tag war gekommen. Ich verließ das Heim. Doch es fühlte sich überhaupt nicht so an, wie ich es erwartet hatte. In tausend Phantasien hatte ich mir ausgemalt, wie ich eines schönen Tages stolz meine Tasche packen und dem Heim triumphierend den Rücken kehren würde. Aber als ich jetzt dastand, alle meine Habseligkeiten in einem braunen Koffer, die anderen Kinder um mich herum, stellte sich kein triumphales Gefühl ein. Ich schaute keinem in die Augen, gab Andreas einen Stoß und winkte Dirk angestrengt locker zu. Ich hatte einen Kloß im Hals, der auch nicht kleiner wurde, als Frau Friedrich mir die Hand auf die Schulter legte und mich zur Tür hinausschob.

Das war zu Beginn der neunten Klasse. Mein neues Zuhause war bei Familie Friedrich in Marzahn, im Neubauviertel. Dort hatten Frau Friedrich und ihre Eltern in einem Hochhaus jeweils eine größere Wohnung bekommen. Vielleicht ist es undankbar, nach allem, was sie für mich getan hat – aber manchmal ertappe ich mich bei dem Gedanken, dass die neue Wohnung der entscheidende Grund für Frau Friedrich war, mich aufzunehmen.

Es gab damals in der DDR ein dauerhaftes Wohnungsproblem, man kam nicht so einfach an eine größere Wohnung. Es war genau wie mit den Autos: Anträge über Anträge, und dann warten, bis der Arzt kommt. Vielleicht war ich einfach ein gutes Argument für Bevorzugung? Ich weiß es nicht, und ehrlich gesagt ist es auch nicht wichtig, denn mir ging es nicht schlecht bei Friedrichs.

Aber der Abschied vom Heim fiel mir schwer. Anfangs bin ich nach der Schule noch regelmäßig ins Kinderheim gegangen und habe die anderen besucht. Um nicht komplett aus meiner gewohnten Umgebung herausgerissen zu werden, blieb ich weiterhin in meiner alten Schule, obwohl ich nun täglich den weiten Weg von Marzahn nach Lichtenberg fahren musste. Es war eine merkwürdige Zeit, ich war in zwei Welten, und in keiner davon richtig. Ich war natürlich heilfroh, endlich kein Heimkind mehr zu sein, aber man lässt sein Leben nicht einfach so hinter sich. Sechs Jahre war ich im Heim gewesen. Über sechs Jahre jeden Montag, Dienstag, Mittwoch, Donnerstag, Freitag, jeden Samstag und jeden Sonntag. Sechsmal Weihnachten, sechsmal Geburtstag. Die meisten Heimkinder und Erzieher waren in dieser Zeit ein Teil von meinem Leben geworden – und ein wichtiger dazu. Das war vorbei. Endlich vorbei. Leider vorbei.

Es war, als ob ich einen Schnitt gemacht hätte. Auch Tante Brigitte verlor ich aus den Augen und traf sie erst 20 Jahre später wieder. Nur mein Kinderheimfreund Andreas sollte eine Ausnahme bilden. Er lebte mittlerweile wieder bei seiner Mutter, aber konnte, genau wie ich, nicht vom Fußball lassen – das typische Heim-Spiel.

Trotz des Tanzens ging ich weiter brav jede Woche zum Training. Und wer stand da plötzlich eines Tages in der Umkleidekabine von Dynamo vor mir? – Mein Andreas. Wir hatten uns ewig nicht gesehen! Bis heute haben wir uns nie mehr aus den Augen verloren. Er hat mittlerweile schon selbst Familie, und sein Sohn spielt natürlich längst auch Fußball. Da ich Förderer der Kindermannschaft bin, gehe ich manchmal zu den Spielen.

Nun, meine Glanzzeit als Fußballer ist anscheinend vorbei. Da ist kaum noch was übrig von der Geschicklichkeit aus der Zeit, als ich mich wie ein Brasilianer fühlte. Tröstlich nur, dass auch berühmte echte Brasilianer mittlerweile ihren spielerischen Höhepunkt hinter sich haben. Heute stehe ich mit Andreas wie ein Senior am Spielfeld und schaue den lieben Kleinen zu. Wir schwelgen in Erinnerungen daran, wie gut wir einst spielen konnten, aber sind beide froh, dass diese Zeit weit hinter uns liegt. Ohne Worte wissen wir, was der andere denkt. Und das ist etwas ganz Besonderes für mich. Sooft ich auch versucht habe, jemandem zu erklären, wie sich ein Heimkind fühlt, so oft musste ich auch feststellen: Man kann es nicht erklären.

Die Erzieher ließen mich damals mit gleichsam gemischten Gefühlen ziehen. Keiner, der mir das Leben in einer Familie nicht gegönnt hätte. Doch sie waren unsicher, ob Frau Friedrich die Richtige sei. «Du fehlst hier, Detlef», sagten die Erzieher, wenn ich zu Besuch kam. «Du mit deinen verrückten Ideen. Keiner macht mehr richtig Wind!»

Ziemlich schnell entdeckte ich aber auch die vielen ungeahnten Vorteile, die mir das Leben bei Frau Friedrich eröffnete. Es war schon seltsam: Da hatte ich mir jahrelang eine Familie gewünscht, aber wie alle in der Pubertät hatte ich eigentlich wenig Lust, mich an so etwas wie Familienleben zu beteiligen. Allerdings schien mir das niemand wirklich zu verübeln. Wenn ich nach der Schule nach Hause kam, war ich meistens allein in der Wohnung. Dann habe ich mir erst einmal etwas zu essen gemacht. Am liebsten Nudeln mit Kaltschale oder Pudding – bei dieser Kombination stand nicht zu befürchten, dass Christine etwas abhaben wollte. Und wenn Frau Friedrich nach Hause kam, habe ich mich in mein Zimmer verkrümelt.

Ich hatte zum ersten Mal in meinem Leben ein eigenes Zimmer. Es lag gleich gegenüber der Wohnungstür. Sehr praktisch, wie sich noch rausstellen sollte, denn so konnte ich unbemerkt kommen und gehen.

Es gab zwar ein Wohnzimmer, aber dort habe ich mich kaum aufgehalten. Meistens war ohnehin die Tür zu. Eigentlich hatte ich auch gar keinen Grund reinzugehen, da ich sogar einen eigenen Fernseher in meinem Zimmer hatte – ein Luxus für damalige Verhältnisse. Aber ich bildete mir auch ein, dass ich störte, und habe mich vorsichtshalber unsichtbar gemacht. Musste ich doch mal in die Küche, wenn dort jemand kochte oder anderweitig den Haushalt schmiss, habe ich mir vorher genau jeden Handgriff überlegt. Wie ein Geist habe ich schnell erledigt, was zu tun war, und bin wieder leise in mein Zimmer verschwunden. Ich wohnte quasi wie im Hotel und konnte mehr oder weniger schalten und walten, wie es mir behagte. Lediglich nach den Schulnoten erkundigte sich Frau Friedrich regelmäßig.

Hört sich nicht an wie das so lang erträumte Leben, oder? Aber auch in diese Umstände fügte ich mich. Das hatte ich inzwischen gelernt. Ich verpackte den Abschiedsschmerz in eine Kiste und stellte sie auf meinen ganz privaten Dachboden, zu all den anderen schmerzhaften Erinnerungen an meine Mutter, meine Kindheit und an die vielen enttäuschten Hoffnungen.

Es kam allein auf mich an, auf das, was ich aus der Situation machte. Untätig herumsitzen wollte ich beileibe nicht, und die Zeit des stummen Ertragens war endgültig vorbei. Ich tat, wozu ich mich schon vor einer Weile entschlossen hatte: Ich widmete mich voll und ganz dem Tanzen.

«FAST FORWARD»

Tanzfilme waren mein Leben. Mittlerweile hatte ich «Breakdance» und «Beat Street» gesehen. Ich bin jeweils bestimmt zehnmal ins Kino gegangen, um mir die Schrittfolgen einzuprägen. Etwas anderes blieb mir gar nicht übrig, denn Videorecorder gab es damals bei uns noch nicht. Aber das Kino konnte ja nicht ewig meine einzige Inspirationsquelle bleiben! Wo sollte ich bloß richtig tanzen lernen? Ich suchte nach Möglichkeiten. Schließlich gab mir ein Kumpel den Tipp, dass in Lichtenberg im Dienstleistungswürfel – so hieß diese typische Einrichtung in den Neubaugebieten, wo Friseur, Wäscherei und Clubraum unter einem Dach waren – ein Jazzdance-Kurs angeboten wurde. Ich war Feuer und Flamme. Das wollte ich mir genauer anschauen.

In einem großen Raum hing ein Spiegel an der Wand. Es roch nach altem Clubraum und Schweiß, aber für mich war es wie ein neues wunderbares Universum. Es trug den Duft der weiten Welt. Tanzwelt.

Ich konnte gleich mitmachen. Alles, was ich bisher intuitiv gemacht hatte, lernte ich nun noch einmal richtig von der Pieke auf. Technik war angesagt. Ich verstand, wieso man Schritte in einer bestimmten Weise machen muss. Ich lernte und lernte.

Das einzig eher Unangenehme war, dass wir beim Training enge Gymnastikhosen, wir nannten sie Pantalons, und Schläppchen anziehen mussten. In diesen «Mädchenklamotten» fühlte ich mich ziemlich in meiner wild aufkeimenden Männlichkeit beleidigt. Aber bald ignorierte ich dieses Dilemma. Zum einen sprangen alle so rum, und zum anderen war mir der Unterricht viel wichtiger als mein Aussehen.

Ich trainierte, auf den Rhythmus der Musik zu achten, lernte, meinen Körper in Spannung zu halten, und vor allem, wie man sich in einer Gruppe bewegt. Wir kopierten fremde Choreographien, aus Filmen und von bekannten Tanzgruppen, aber probierten auch neue Schrittkombinationen aus. Besonders das Erfinden von neuen Schrittfolgen mochte ich. Dann war ich in meinem Element.

Das Schönste an dem Kurs ist und bleibt aber, dass ich dort meinen Freund Yves Braunstein kennen lernte. Mit ihm arbeite ich bis heute zusammen, mittlerweile ist er sogar mein Geschäftspartner. Auch Mariella Ahrens, die heute als Schauspielerin arbeitet, hat dort, im Lichtenberger Dienstleistungswürfel, zusammen mit uns ihre ersten Tanzversuche gemacht.

Obwohl ich außerdem intensiv Fußball trainiert habe, war ich mit dem Tanzkurs längst nicht ausgelastet. Ich wollte noch mehr tanzen. In null Komma nichts hatte ich die gängigen Discotheken in Marzahn ausgekundschaftet und war, so oft es ging, dort. Meistens war ich mit Yves unterwegs.

Der Film «Fast Forward – Sie kannten nur ein Ziel» machte auf uns beide großen Eindruck. Ein schwarzer und ein weißer Tänzer, engste Freunde, trainieren mit ihrer

Tanzgruppe in einer alten Fabrikhalle Streetjazz. Sie leben irgendwo in der Provinz, wo sie permanent auf Widerstand stoßen. Aber sie geben ihren Traum nicht auf. Und dann wagen sie eines Tages den großen Sprung nach New York.

Mit diesen beiden schlaksigen Tänzern konnten doch nur wir gemeint sein! Sie waren wie wir. Wir fühlten uns sehr bedeutend, zu Großem berufen. Und wir ließen kaum eine Gelegenheit aus, um unseren Tanzstil aus Jazzdance und Streetdance zu präsentieren. In den Discos in Marzahn fegten wir über die Tanzflächen, in der Schule zeigte ich allen, was ich auf dem Kasten hatte.

Ich glaube, ich bin einigen damals ganz schön auf die Nerven gegangen. Ich konnte mich ja überhaupt nicht mehr wie ein normaler Mensch bewegen, sondern glitt immer im Robot-Dance-Schritt oder Moon Walk durch die Gänge. Aber beeindruckt waren sie doch, vor allem von Electric Boogie und Pop-Locking – nur die Bodennummern ließ ich schnell sein. Damit lief ich Gefahr, mich lächerlich zu machen.

Die Schuldiscos waren die beste Gelegenheit, vor Publikum zu tanzen. Ich war nicht zu bremsen, und auch wenn es nicht unbedingt passte, habe ich selbst zum Depeche-Mode-Song «People Are People» Breakdancemoves gemacht. Damals war vor allem der New-Romantic-Dance-Stil in Mode. Wir hörten Nik Kershaw, Limahl oder Culture Club. Und wie es sich gehörte, sammelte ich die dazugehörigen Aufkleber auf meiner Federtasche wie Trophäen. Die Achtziger waren Kult.

Natürlich habe ich mich auch gekleidet wie ein echter DDR-Popper. Meine Lieblingshose hatte seitlich eine Tasche über dem Knie und an den Hosenbeinen Reißverschlüsse. Wenn man die öffnete, wurden die Hosenbeine wunderbar weit und schlabbrig. Die Hose habe ich damals in der «Jugendmode» erstanden. Ebenso überzeugt trug ich auch die DDR-Jeans-Marken «Goldfuchs» und besser noch «Boxer», denn das Logo prangte auf einem unübersehbaren bronzefarbenen Aluschild. Der gute Geschmack kannte keine Grenzen! Stolz trugen wir dazu Bundjacken mit V-Ausschnitt.

Aber richtig perfekt war mein Outfit erst mit meinen Krümmerhandschuhen, dunkelgraue Fingerhandschuhe aus einem kräuseligen Stoff – der letzte Schrei in den Achtzigern. Heute kann das wahrscheinlich keiner mehr nachvollziehen, aber diese komischen grauen Handschuhe gaben mir ein wahrhaft erhabenes Gefühl. So absolut stilecht in Kleidung und Tanz, war ich in den Schuldiscos unübersehbar. Mein Leben ging, wie der Film hieß: Fast Forward, schnell vorwärts.

Und so war es wieder das schönste Mädchen, das sich in mich verliebte: die brünette Yvonne aus der Parallelklasse. Ganz romantisch schrieben wir uns im Unterricht Briefe, die wir dann in den Pausen austauschten. Da stand ich mit den Jungs zusammen auf dem Hof und übte mich in Coolness. Meistens schickten wir irgendwelche Boten hin und her, die unsere Briefe überbrachten. Dann suchte man mit dem Blick den Pausenhof ab, um zu sehen, wie der andere auf die Antwort reagieren würde. Sie malte immer noch kleine Herzchen dazu und Kussmünder unter ihre Zeilen. Ich beließ es meistens beim Schreiben. Zeichnen war nicht wirklich meine Sache.

Wir waren so verliebt und vernebelt im Kopf, dass wir

nur noch Herzschmerzgesäusel von uns gaben. Doch kaum war die anfängliche Euphorie vergangen, wurde es schwierig. Meine Anhänglichkeit, von der sie anfangs nicht genug bekommen konnte, ging ihr plötzlich auf die Nerven, und schon war ich «Klammerkalle». Mitten auf der Straße giftete sie mich an: «Weißt du, du bist ein ewiger Ja-Sager. Das nervt. *Du* nervst. Hör auf, wie eine Klette an mir dranzuhängen.»

Ich verstand jetzt gar nichts mehr. Was wollte sie denn? Aber bitte, ich lernte schnell. Mich anzupassen war eine meiner leichtesten Übungen. Dann drehte ich den Spieß eben um – und siehe da, es funktionierte gleich viel besser. Meine treue, rücksichtsvolle und liebevolle Seite hielt ich in Zukunft versteckt. Ich wollte mir einfach nicht weiter auf meinen Gefühlen herumtrampeln lassen. Bloß hatte das zur Folge, dass heute die Frauen leiden, wenn ich unverbindlich und distanziert erscheine. Ist das nun besser?

Aber Alleinsein, das kann ich bis heute nicht ertragen. Es vergeht selten viel Zeit zwischen Freundinnen und Affären. Was ist es, das ich suche und dem ich seit Jahren vergeblich hinterherlaufe?

Yvonne hatte mich kaum im Regen stehen lassen, da versuchte ich auch schon alles, mich in die nächste Geschichte zu stürzen. Ich suchte nach den Tricks, wie man Mädchen in sich verliebt macht. Von Angeberei bis Schmeichelei probierte ich alles aus. Doch wie bei Experimenten oft kommt alles anders, als man denkt.

Yves und ich waren in der Disco und zogen unsere Show ab. Das perfekte Team auf der Tanzfläche. Die Lichtorgel zuckte zum Beat von irgendeinem angesagten Hit. Da sah ich, an einen Pfeiler gelehnt, ein Mädchen stehen, das

Yvonne sehr ähnlich war. Im ersten Moment hätte ich sie fast verwechselt. Sie hatte die gleiche Frisur – vorne lang, hinten kürzer – und die gleiche Haarfarbe. Ich schaute ein paar Mal hinüber. Sie gefiel mir. Ganz lässig stellte ich mich nach einer Tanzeinlage vor sie hin und fragte: «Sag mal, wollen wir mal was zusammen machen – einfach mal so?» – «Klar, warum nicht?», antwortete sie, und wir verabredeten uns gleich. Aber was wir auch unternahmen, wir waren nie allein. Immer brachte sie eine Freundin mit. Die war eher ein südländischer Typ, dunkle lockige Haare und ein bisschen kleiner – aber eben nichts für mich.

Einen Abend nach dem anderen waren wir durch die lokalen Clubs von Marzahn gezogen, und nichts war gelaufen. Wir hatten geredet und getanzt, vor allem ich, aber sonst bahnte sich nichts an. So konnte das doch nicht weitergehen! Als wir in der Disco mal einen Augenblick allein am Tisch saßen, fasste ich mir ein Herz. Ich sah dem blonden Mädchen tief in die Augen und sagte, so romantisch ich konnte: «Weißt du, ich glaube, ich habe mich in dich verliebt.» Ziemlich entspannt antwortete sie nur: «Ja? Ich nicht.»

Da war ich echt sprachlos. So unverblümte Abfuhren war ich einfach nicht gewöhnt. Aber ich erging mich nicht lange in Liebeskummer, vielmehr öffneten mir ihre deutlichen Worte dankenswerterweise die Augen für ihre Freundin. Ich gebe zu, es lief schon ein bisschen nach dem Motto: Na, wenn die eine nicht will, dann nehme ich eben die andere. Doch was so banal anfing, war der Beginn einer wunderbaren Zeit. Denn mit Jacqui, so hieß das andere Mädchen, war ich dann mehr als sieben Jahre zusammen.

«MEHR ALS EIN BLUMENTOPF»

Jacqui eroberte nicht nur mein Herz, sie war der Typ Mädchen, den alle mochten. Auch Frau Friedrich war ganz angetan von ihr, und so durfte Jacqui zu mir kommen, so oft uns der Sinn danach stand. Wahrscheinlich hoffte Frau Friedrich, Jacqui hätte einen guten Einfluss auf mich und würde dafür sorgen, dass ich nicht allzu viel Unsinn machte. Dabei habe ich auch damals schon auf niemanden gehört. Wenn sie mich ein bisschen besser kennen gelernt hätte, wäre ihr das vielleicht aufgefallen.

Es gab sogar mal ein verklemmtes «Elterntreffen». Frau Friedrich war ganz feierlich bei Jacquis Eltern zum Kaffee eingeladen. Da saßen wir dann alle im Wohnzimmer – die Kaffeetafel war mit dem guten Service gedeckt – und versuchten, anständig zu sein. Aber ich musste mir keine Sorgen machen, Jacquis Eltern akzeptierten mich von Anfang an.

Ich hatte wirklich Glück mit dieser ersten ernsthaften Beziehung, denn ich bekam viel mehr als nur eine Freundin. Die Familie nahm mich mit offenen Armen auf, und Jacquis Bruder, Roger, wurde einer meiner besten Freunde. Wichtiger noch: mein Beschützer. Denn Roger war gefürchtet. Alle wussten, dass er sich nichts gefallen ließ.

Wollte mir jemand dumm kommen und rief «Presskohle» oder «Neger» hinter mir her, war Roger zur Stelle. Dann suchte man besser schnellstens das Weite. Gerade Ende der achtziger Jahre, als auch öfter rechte Hooligans in den Discos auftauchten, fühlte ich mich trotzdem meistens sicher, denn es hatte sich rumgesprochen, dass ich unter Rogers persönlichem Schutz stand.

Yves, Jacqui, Roger und ich waren unzertrennlich. Wir trafen uns nach der Schule und zogen durch die Viertel. Wir langweilten uns nie, denn wir quollen über vor Ideen, zu welchen Liedern man sich tolle Choreographien ausdenken könnte. Wir waren jung. Wir waren begeistert, und wir waren nicht zu bremsen.

Anfangs war Jacqui bei unseren Clubtouren mit von der Partie. Wenn ich ab und zu mal allein mit den Jungs unterwegs sein wollte, hatte sie auch nie etwas dagegen. Mal ehrlich: Wer geht schon gern mit Holz in den Wald? Wenn ich heute darüber nachdenke, finde ich, sie hat sich äußerst tolerant verhalten. Sicher hatten wir auch darum so lange eine gute Beziehung: Es gab keinen Grund, einander zu misstrauen. Zunächst.

Auch Grit, meine Freundin aus der Kinderheimzeit, war wieder öfter dabei. Sie hatte ich zufällig wieder getroffen, als ich Yves mal nach der Schule abholte. Ich wartete draußen auf ihn, da kam sie aus dem Gebäude, inmitten einer Flut von Schülern, und stand plötzlich vor mir. Es war schön, sie wiederzusehen. Und immer noch war sie ganz begeistert vom Tanzen und völlig versessen darauf, mit uns zu üben.

Und üben, das taten wir. Yves und ich waren von unserem «Fast Forward»-Vorbild nicht mehr weit entfernt, als wir endlich den erhofften Trainingsraum fanden.

Franka, eine gute Freundin, organisierte, dass wir in einer Schulaula in Mahlsdorf trainieren konnten. Außer Franka stieß noch Kerstin, die später übrigens Ingo Dubinski heiratete, zu uns. Jetzt waren wir zu viert. Und uns vier Hanseln mangelte es nicht an Selbstbewusstsein. Wie die Profis gründeten wir eine Company und nannten uns «Dance Collection». Meine erste eigene Tanzgruppe. Der Anfang war gemacht.

Yves und ich gingen häufig ins «Corny Island», einem Club in Ahrensfelde, wo wir wie selbstverständlich die Tanzfläche beherrschten. Wir rackerten uns ab, bis die Schweißtropfen flogen. Keinen Song ließen wir aus. Als müssten wir der Welt beweisen, dass wir es wert waren, beachtet zu werden. Und das waren wir.

Als Erstes fielen wir dem Clubleiter des «Corny Island» auf. Nachdem er uns Abend für Abend über seinen Tanzboden fegen sah, kam er auf die Idee, einen Tanzwettbewerb auszuloben. Einen Tanzwettbewerb mit Preisen, Siegerehrung und Jury. Eben alles, was dazugehörte.

Das war für uns die Herausforderung! Endlich konnten wir unter Beweis stellen, dass wir die Besten waren. Wir rührten kräftig die Werbetrommel, schließlich ging es hier um eine Berliner Meisterschaft. Von nun an hatten wir nichts anderes mehr im Kopf. In jeder Minute trainierten wir, und ich fieberte dem Tag des Wettbewerbs ungeduldig entgegen.

Endlich war es so weit. Das «Corny Island» war brechend voll. Die Leute standen dicht gedrängt um die Tanzfläche herum, jeder wollte vorne stehen, um besser sehen zu können. Der Clubleiter trat ans Mikrophon und pustete probehalber hinein. Alle johlten. Er räusperte sich. «Liebe Freunde!», begann er. «Ich begrüße euch alle sehr herzlich zu unserem ersten Berliner Tanzwettbewerb im Corny Island. Herzlich willkommen!» Applaus, die Leute klatschten und pfiffen. Die Stimmung war gut, alle waren gespannt auf die Darbietungen. «Wir werden heute Abend eine Reihe junger Talente sehen, die lange und hart für diesen Tag trainiert haben. Ich verspreche euch eine richtige Supershow, denn sie werden alle ihr Bestes geben», heizte er das Publikum weiter an. «Und jetzt Applaus für unsere Tänzer und Beat ab für die Startnummer eins! Bitte schön!»

Die Show begann. Auch Mariella Ahrens war gekommen. Sie zeigte eine Performance zu «Straight up» von Paula Abdul. Mann, war die gut. Diesen abgehackten Rhythmus und das Tempo setzte sie so geschickt um, dass wir alle dachten, sie würde auf jeden Fall gewinnen. Sie hätte es verdient. Lange sah es wirklich so aus, doch da tauchte plötzlich ein Mädchen auf, das keiner von uns je zuvor gesehen hatte. Josi.

Sie war dunkel wie ich. Josi tanzte «Cats». Und wie! Das Publikum war nicht mehr zu halten, sie eroberte den Saal im Sturm. Überall wurde diskutiert, wer denn nun besser war, Mariella oder Josi. Es war atemberaubend knapp. Natürlich hatte ich von meinem Platz aus die anderen Tänzer angeschaut, nach diesen beiden Konkurrentinnen durfte ich wirklich nicht sparsam sein mit meinem Können. Ich wärmte mich weiter auf, obwohl ich schon jetzt vor Anspannung schwitzte. Mein erster Tanzwettbewerb. Ich wollte gewinnen, sie in Grund und Boden tanzen. Jetzt war ich an der Reihe.

Es geht ja nie so, wie man es sich vorstellt, das habe ich in meinem Leben oft genug erfahren. Und auch dieses Mal lief es nicht reibungslos. Der Clubleiter, der gleichzeitig auch DJ war, wollte mich richtig auf die Probe stellen. Wahrscheinlich fand er, das Großmaul sollte nicht so einfach mit einem Sieg davonkommen. Vor Beginn der Veranstaltung hatte ihm jeder Teilnehmer gesagt, zu welchem Lied er tanzen würde und wie lange es eingespielt werden sollte.

Natürlich hatte ich mich für das entschieden, was ich am besten konnte – eine Michael-Jackson-Nummer. Ich würde meine Show zu «Wanna be starting something» tanzen. Alles war perfekt vorbereitet: Mit meiner Mixtur aus Ei, Zucker und Zitrone frisierte ich mir den typischen Jacko-Look, und als Neuerung zog ich mir noch eine Ecke in die Augenbrauen.

Ich hatte darum gebeten, das Lied nach drei Minuten auszublenden. Drei Minuten Vollpower hatte ich geplant. Ein Feuerwerk sollten sie zu sehen bekommen!

Es ging los, ich betrat die Tanzfläche und legte los. Ich tanzte wie in Trance, so oft hatte ich die Schrittfolge geübt. Doch als ich fertig war, hörte die Musik nicht auf. «Du warst zu schnell!», dachte ich im ersten Moment. «Verdammt, du warst zu schnell!» Doch bei einem Blick zum Mischpult wurde mir klar: Das ist eine Prüfung. Der Clubleiter stand da mit verschränkten Armen und schaute mit einem triumphierenden Grinsen, wie ich mich wohl aus der Affäre zöge.

Den Spaß wollte ich ihm nicht gönnen. Und wie von fremder Hand gesteuert, tanzte und tanzte ich einfach immer weiter. Den Song kannte ich in- und auswendig. Jetzt zeigte ich einfach alles, was mir einfiel, und achtete bloß darauf, dass ich mich nicht wiederholte. Einmal noch warf ich einen kurzen Blick zum DJ, aber der guckte mittlerweile demonstrativ in die andere Richtung.

Das nichts ahnende Publikum applaudierte und brüllte vor Begeisterung. Wie beflügelt bewegte sich mein Körper zur Musik, und für einen Augenblick dachte ich: «Jetzt bist du jemand!» Nach etwa elf Minuten, fast vier Mal so lange wie geplant, ging der Song zu Ende. Der Saal tobte und trampelte, und ich taumelte von der Bühne. Mir tropfte der Schweiß vom ganzen Körper, meine Frisur war völlig lädiert – aber ich war glücklich.

Mariella bekam den zweiten Preis. Der Clubleiter und seine Jury konnten nicht umhin, mir den ersten Preis zu geben: eine viertägige Reise ins Ostseebad Binz auf der Insel Rügen mit Übernachtung im FDGB-Heim. Das war für mich etwas total Besonderes. Und weil die Reise für zwei Personen war, lud ich natürlich Jacqui ein, mich zu begleiten. Wir erlebten dort einen unserer schönsten Urlaube. Mit Tanzen ließ sich offenbar mehr als ein Blumentopf gewinnen.

Josi, die unbekannte Cats-Tänzerin, habe ich natürlich gleich nach dem Wettbewerb angesprochen. Nicht nur, weil sie toll getanzt hatte. Es war für mich auch immer noch eine Überraschung, wenn ich andere Mulatten traf. Gerade in der Tanzszene sind Mulatten allerdings keine Seltenheit, wie ich im Laufe der Zeit feststellte.

Und mit Josi kam ihr Bruder John in mein Leben. Er ist ebenfalls farbig. Als ich ihn sah, fühlte ich mich sofort an Jimmy erinnert, meinen ersten Freund im Kinderheim, und an das erste Mal, dass ich einem Mulattenjungen begegnete. Diese Erinnerung überkam mich völlig unvorbereitet. Ich dachte eigentlich nur selten an diese Zeit zurück, es war viel zu schmerzhaft, außerdem war ich jetzt auf einem neuen Weg, unterwegs in ein neues Leben. Doch der Gedanke an Jimmy löste warme Gefühle für einen besonderen Freund aus, und die haben sich in diesem Moment auf John übertragen. Es war völlig klar: John und ich gehörten zusammen.

«MEIN NEUES LEBEN»

Eine Tür war aufgegangen in meinem Leben. Eine Tür zu einem Raum, in dem ich tun konnte, was mir lag und was ich am liebsten wollte: tanzen. Und das erste Mal in meinem Leben legte mir niemand haufenweise Steine in den Weg, mit denen man ganze Geröllhalden hätte füllen können.

Frau Friedrich interessierte sich nicht für mein Tun und ließ mich eigentlich schalten und walten, wie es mir gefiel. «Zu Hause» war ich kaum noch, nur zum Essen und zum Schlafen. Christine wurde mehr und mehr zur Statistin, ich hatte nur selten mit ihr zu tun. Sie interessierte sich für ganz andere Sachen als ich, und wir gingen beide unserer Wege. Manchmal verwickelte sie mich noch in ein Problemgespräch über ihre Mutter. Dann hörte ich mir an, was Mama schon wieder gesagt, gemacht oder verboten hatte. Ihre Mama. Für mich eine weitere Erziehungsberechtigte. Christine war dabei, sich von ihrer Familie zu lösen, ein Prozess, den ich schon im Alter von neun hinter mich gebracht hatte. Hinter mich bringen musste. Obwohl wir gleichaltrig waren, fühlte ich mich deshalb ein bisschen wie ein großer Bruder. Doch ein gutes Verhältnis zu ihr war mir nicht weiter wichtig. Wir lebten unter einem Dach, sie, ihre Mutter und ich. Nicht mehr und nicht weniger.

Meine Mutter bei ihrer Konfirmation 1952.

Meine Mutter mit meiner Halbschwester Evelyn.

Das Hochzeitsfoto. Meine Mutter und Günter Soost.

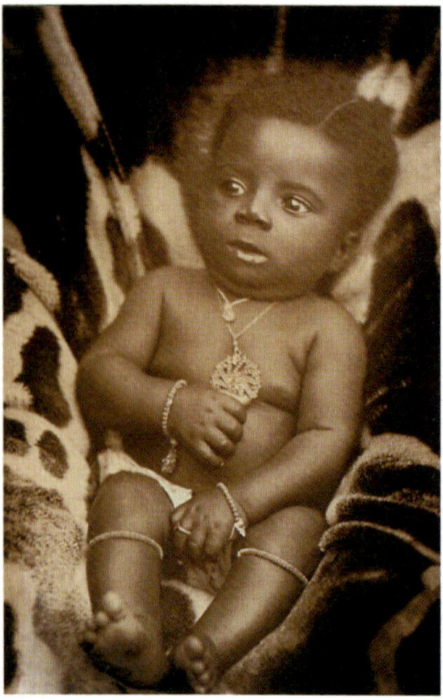

Mein Vater als Baby.

Mein Vater als junger Mann.

Meine neue Familie: Die Frau meines Vaters, mein Vater und Patricia als Kind 1989.

Evelyns Jugendweihe 1975. Wir waren eine bunt gemusterte Familie.

Evelyn und ich, mit ungefähr vier Jahren.

Weihnachtsmarkt am Alex 1975.

Ostern 1980 mit Onkel Siegfrieds Familie und Verwandten aus Fehrbellin.

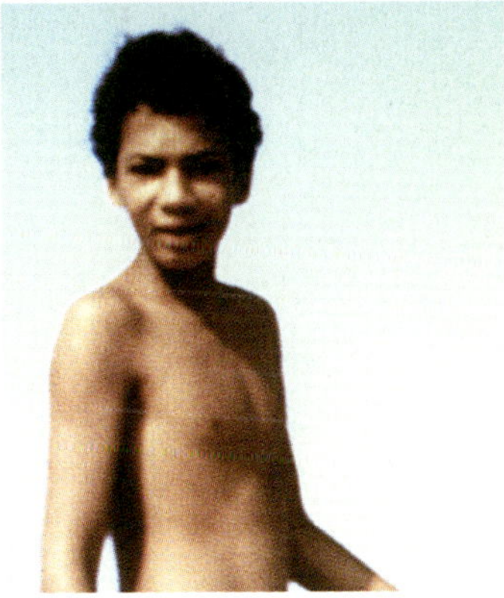

Sommerferien auf Hiddensee 1983.

Am Strand mit Freunden aus dem Heim. Ferienreise 1983 nach Hiddensee.

An meinem 13. Geburtstag
vor dem Kinderheim
Fritz Weineck.

Mit Boris (links) und Henry (rechts) in
Bulgarien 1987.

Mit den Kumpels unterwegs. Saalburg 1986.

Jacqui, meine erste längere Beziehung.

Fotoshooting 1988.

Die Gruppe «Dance Collection» 1990. John, Yves, Beate, Jeanne, René.

Tanzprobe mit Andreas Piesick 1991.

Ein Mann mit «Durchblick»?

Mal in einer anderen Funktion.
Als Businessmanager im Networkmarketing 1997.

«Dance Collection» mit John, Jeannine, Ines und ich (von rechts nach links) 1997.

Auftritt im Adlershof mit meinem Musikprojekt «Street Foundation».

«Dance Collection» mit Ines und Jeannine 1998.

Als Talkshowgast bei «Herman & Tietjen».

Mit den «Talenten» Herman & Tietjen.

POP, mein Boyband-Versuch mit Thomas Anders 2002. Mit dabei: Meiko, heute bei «Overground».

Früh übt sich … Mit meiner Fußballmannschaft 2002.

In meiner Dance School mit zwei tanzbegeisterten Schülerinnen.

Danke, sagt Anke.
Mit Anke Engelke.

Mit Julie vor dem Broadway Dance Center in New York 2004.

Meine neue Familie: Halbschwester Patricia 2001.

Meine neue Familie: Halbbruder Stokely 1997.

Mein neues Leben war das Tanzen. Nie konnte ich genug davon bekommen. Yves und ich waren die unumstrittenen Platzhirsche in den Discotheken. Kein Samstagabend ohne uns, kein Beat ohne einen Move, kein Song ohne eine passende Schrittfolge.

Eines Abends betraten drei Frauen den Club. Sie fielen uns sofort auf, denn sie waren eine Ecke älter als die anderen Besucher hier. Sie bezogen Position an der Bar und schauten uns ganz unverhohlen beim Tanzen zu. Sie musterten uns von oben bis unten, bis es uns langsam peinlich wurde. Ich stieß Yves in die Seite. «Meinste, die wollen was von uns?», fragte ich und machte eine lässige Kopfbewegung in Richtung der Frauen. «Die glotzen wie bei 'ner Fleischbeschau!» Yves zuckte mit den Schultern und wandte sich ab.

Irgendwann kam eine der drei auf uns zu und meinte: «Wir suchen neue Tänzer für unsere Gruppe. Habt ihr Lust, mal vorbeizukommen?» Wir warfen uns einen kurzen Blick zu. Erst drucksten wir rum, nach dem Motto «Mal sehen, wenig Zeit» und so, aber dann fiel im Gespräch das Wort Metropol-Theater. Ich hielt die Luft an. Was? Metropol-Theater?

«Mensch, Alter, weißt du, was das bedeutet?», zischte Yves, als wir uns verabschiedeten. Wir mussten uns ziemlich zusammenreißen, nicht gleich vor Stolz zu platzen, und gaben uns betont lässig. «Mhm, können wir ja mal machen, wenn ihr meint.» Im Stillen sahen wir uns schon in einer Revue im Theater oder wo auch immer tanzen. Mann, waren wir aufgeregt. Aber das sollte natürlich niemand merken. Obwohl ich bezweifle, dass wir in diesem Moment brillante Schauspieler waren.

Gleich zum nächsten Termin, den die Frauen uns vorgeschlagen hatten, setzten Yves und ich uns in die S-Bahn. Wir fuhren bis zum Bahnhof Friedrichstraße und gingen das letzte Stück zu Fuß.

Tja. Sicher sind wir dabei auch an dem Strumpfladen vorbeigekommen, ohne den es mich heute nicht gäbe. Denn hätte meine Mutter nicht dort gearbeitet, dann wäre sie meinem Vater nicht begegnet … Doch für mich gab es in diesem Moment keinen Strumpfladen. Er begann erst für mich zu existieren, als ich während meiner Spurensuche erfuhr, welche historische Bedeutung er hatte. Ein Wunder, wie sich die Welt immer wieder neu ordnet, wenn man etwas Neues über sie erfährt. Ich habe noch so viele Fragen.

An diesem Tag aber hatte ich nur ein Ziel: tanzen im Metropol-Theater! Mit unseren Turnbeuteln über der Schulter suchten wir den Eingang zum Theater und fühlten uns ungeheuer wichtig. Schließlich hatten wir einen Termin. Mit Frau Wildgrube. Wir gingen schnurstracks zum Haupteingang und standen auf einmal in einem riesigen Menschengewimmel. Alles Besucher, die nach Karten anstanden oder auf Einlass warteten. Was waren wir für Anfänger! Wussten natürlich nicht, dass jedes Theater auch einen Bühneneingang hat.

Wir drängelten uns zum Pförtner durch und erklärten selbstbewusst: «Wir wollen zur Probe. Können Sie uns bitte sagen, wo die stattfindet?» Er schaute uns kurz an, wie wir hochgeschossen, aber noch mit Milchbart mit unseren Turnbeuteln vor ihm posierten, und meinte belustigt: «Kleine Jungs mit großen Träumen – ab zum Hintereingang.»

Vollkommen eingeschüchtert stolperten wir zum Bühneneingang. Dann ging es endlos viele Stockwerke hinauf. Nach links, einen Gang lang, wieder rechts und dann noch eine Tür und wieder eine halbe Treppe hoch. Wie sollten wir hier jemals wieder rausfinden? Doch irgendwann tauchte wie aus dem Nichts plötzlich Karin Wildgrube auf, die uns schon erwartet hatte. «Da drüben sind die Garderoben», wies sie uns den Weg. «Zieht euch um und dann kommt ihr zu uns in den Saal. Ein bisschen zackig, wenn ich bitten darf.» Wir beeilten uns, unsere Tanzkleidung aus Pantalon, Top und Schläppchen anzuziehen. Auch wenn wir uns darin nicht gefielen – so viel hatten wir schon bei unserem Jazzdance-Kurs gelernt: Das ist die Profikleidung. Nichts zu machen.

Yves und ich waren furchtbar nervös. Wir redeten nur noch das Nötigste. Aber wirklich die Sprache verschlagen hat uns erst der Anblick des so genannten Fitness Dance Clubs. Da waren nur Mädchen, und allesamt sahen sie aus wie Jennifer Beals in «Flash Dance». What a feeling.

Wir müssen völlig konsterniert dreingeschaut haben, doch Karin Wildgrube ließ uns keine Zeit zum Staunen und übernahm sofort das Kommando. Ehe wir uns versahen, wurden wir eingereiht. «Du, Detlef, darüber und du, Yves, hier. Los, die Damen, damit wir endlich anfangen können!»

Aus den Boxen schallte «Pump up the Jam», was schon mal ein gutes Zeichen war. Immerhin gute Musik. Doch hier ging es nicht ums Genießen, sondern ums Trainieren: Jazzschritt, vor und zurück, Arme verschränkt, Arme nach vorne, mal nach links und Tap-Tap-Drehung. Ich bin sicher, ich habe ausgesehen wie ein Elefant mit Alkoholvergiftung, jedenfalls fühlte ich mich so. Doch wir durften wiederkommen – und wurden besser.

«KARAMELL»

Für mich war die Welt in Ordnung wie noch nie zuvor. Von mir aus hätte es so immer weitergehen können. Ich hatte eine wunderbare Freundin, ich konnte so viel tanzen, wie ich wollte, und hatte gute Chancen, eine Menge dazuzulernen. Um die Schule habe ich mich kaum gekümmert, die lief nebenher, und nicht mal wirklich schlecht. Aber eben auch nicht gut.

Es gab Diskussionen mit den Lehrern und auch mit Frau Friedrich, die alle mehr oder weniger nach dem gleichen Muster abliefen. Jeder kennt solche Gespräche, und ich kenne niemanden, der sie mag. Es sind diese «Du musst jetzt an die Zukunft denken»-Gespräche, die gerne mit Sätzen wie «Detlef, ich erwarte von dir …» oder «Nimm dich doch bitte einmal zusammen …» anfangen.

Die zehnte Klasse hatten wir bald hinter uns, dann wartete der Ernst des Lebens. Wir mussten uns für eine Lehrstelle bewerben. Ich wusste schon längst, was ich werden wollte: Erzieher. Darüber brauchte ich nicht lange nachzudenken. Erzieher waren in meinem bisherigen Leben meine wichtigsten Bezugspersonen gewesen. Ich wollte, genau wie sie damals im Heim mir, Kindern das geben, was ihre Eltern nicht können. Ich dachte an Frau Schenk und ihren Mann. Vielleicht schlummerte schon damals etwas in mir, was ich heute sehr deutlich spüre und kanalisieren möchte: ein Talent, Menschen etwas beizubringen, Menschen dazu anzuspornen, für ihre Ziele zu kämpfen und über sich hinauszuwachsen. Sicher wäre ich ein strenger Erzieher gewesen – die Leute, die gesehen haben, was meine Schüler beispielsweise bei «Popstars» leisten müssen, können sich das sicher vorstellen. Aber ich wäre auch ein Erzieher geworden, der mit Kindern Fußball spielt, rauft, wenn es Spaß macht, und der sie tröstet, wenn die Welt sich mal wieder von ihrer ungerechtesten Seite zeigt. Erzieher also, das war erklärtes Ziel.

Eigentlich hatten alle erwartet, dass ich mehr Ehrgeiz entwickeln und Abitur machen würde. Aber das hat mich überhaupt nicht gereizt – noch länger die Schulbank drücken, das musste echt nicht sein. Außerdem wollte ich so schnell wie möglich mein eigenes Geld verdienen. Ich bewarb mich also als Erzieher. Unterstufenlehrer wäre ich auch gern geworden, doch die wurden nicht so häufig gebraucht.

Ich war zufrieden mit dieser Entscheidung. Sie erschien mir richtig, wie viele Entscheidungen, die ich in dieser Zeit traf. Ich hatte eine gute Welle erwischt, auf der sauste ich dahin. Nicht im Traum wäre mir eingefallen, dass noch irgendetwas schief gehen könnte. In der Schule schob ich eine ruhige Kugel und freute mich auf den Nachmittag, wenn ich endlich wieder meiner Wege gehen konnte.

Inzwischen hatte ich nämlich gut zu tun. John überredete mich, es genau wie er mal mit Modeschauen zu versuchen. Johns Modegruppe hieß «Maschenhits», und er kannte die Branche: «Ich sag's dir, die brauchen immer einen Karamell», brachte er es auf den Punkt, «ist wichtig für das internationale Flair.» – «Schön und gut, aber warum sollten die ausgerechnet mich nehmen?» Ich war skeptisch. Ich als Dressman? Ich war zwar groß – aber hübsch? «Glaub mir einfach, Kumpel. Deine Hautfarbe ist die Eintrittskarte.»

Überredet, aber immer noch zögerlich fuhr ich zum Staatlichen Modeinstitut in der Brunnenstraße. Vor den Augen von zwei älteren Damen, die mich mit einem Winken aufforderten, musste ich im Raum hin und her laufen, mich einmal um mich selbst drehen, mal nach links und mal nach rechts schauen wie bei einem Verbrecherfoto, und dann entschieden sie: «Nein danke, zurzeit haben wir keinen Bedarf.» Ohne Begründung.

Etwas irritiert, wie schnell das gegangen war, fand ich mich auf der Straße wieder und dachte: Habe ich doch gleich gewusst, die Abfuhr hätte ich mir auch sparen können.

Hätte ich natürlich nicht. Diese merkwürdige Szene war meine erste Casting-Erfahrung, und ich hätte sie mir natürlich nie sparen können. Das ist mir inzwischen klar. Heute bin ich derjenige, der winkt und sagt: «Bitte nach links drehen, jetzt nach rechts. Vielen Dank.» Aber ich habe mehr als einmal am eigenen Leib erfahren, wie es sich anfühlt, seinen Körper zu zeigen, der eigentlich alles ist, was man hat, und dann beurteilt zu werden. Von wildfremden Menschen. Innerhalb von Sekunden. Ich weiß, dass es sich Scheiße anfühlen kann. Aber wenn man gut ist, lohnt es sich. Und es ist der Erfolg, der zählt.

Nach diesem Erlebnis damals war für mich das Thema Modenschau allerdings erst mal erledigt. Doch kaum hatte ich mich von dem Gedanken, Dressman zu sein, verabschiedet, wurde ich wieder angesprochen. Diesmal von einem Mann.

Er hieß auch Detlef und leitete einen Modebetrieb. Er erzählte, dass er eine eigene Modenschaugruppe hätte, die seine Produkte präsentiere. «Komm doch mal zu uns. Wir brauchen jemanden so wie dich.» Aha, also doch. John hatte Recht behalten, sie brauchten uns als exotische Note. Wieder hatte ich Zweifel.

Stellte ich mir so meinen Beruf vor: immer nur hinternwackelnd über den Laufsteg gehen? Klang nicht so verlockend. Doch dann erzählte er mir, dass sie richtige Shows machten. «Du hast doch bestimmt ‹A Chorus Line› gesehen? ‹Tits and Ass› und ‹Let Me Dance for You›, du weißt schon. Und die Nummern mit den Zylindern? An solchen Musicalshows orientieren wir uns.»

Jetzt war ich wirklich neugierig geworden. Das hörte sich nach mehr als Hinternwackeln an. «Uns geht es nicht nur darum, die neuesten Klamotten zu präsentieren, sondern die Show besteht richtig aus Tanz und Schauspiel.» Als er das sagte, war ich Feuer und Flamme: «Okay», sagte ich, «wann und wo?»

«Modeexpress» hieß die Gruppe. Als ich das erste Mal zu den Proben kam, wurde mir ganz schön mulmig. Ziemlich schüchtern öffnete ich die Tür zum Tanzraum. Der Saal wimmelte von Models und Tänzern. Die waren ja alle mindestens zehn Jahre älter als ich! Plötzlich fühlte ich mich wie das hässliche Entlein und wusste gar nicht, was ich unter diesen Profis überhaupt zu suchen hatte.

«Modeexpress» war eine der insgesamt nur zehn Modenschaugruppen der DDR. Um auftreten zu können, brauchten wir eine richtige staatliche Einstufung. Ohne diese Zulassung gab es keine Shows. Und dabei sollte ich jetzt mitmachen? Tanzen, ja, das war eine Sache, aber ich war doch noch nie über einen Laufsteg gegangen. Anfangs war ich völlig verunsichert und wusste überhaupt nicht, wie ich meine langen Arme bewegen sollte. Ich war damals eher ein langer Lulatsch, meine Gliedmaßen baumelten mehr oder weniger planlos an mir herum.

Und was tut der Profi? Zuschauen und lernen. Also versuchte ich so gut wie möglich zu kopieren, was ich bei anderen gesehen hatte. Ich stolzierte wie eine Ballerina und wackelte mit meinem Hintern wie die Damen. Es war mir zwar peinlich, aber es schien mir so sein zu müssen. Bis mir Ariane, der weibliche «Quotenkaramell» unserer Gruppe, steckte, dass ich ziemlich lächerlich aussähe. Also lief ich von nun an betont männlich, oder jedenfalls, was ich dafür hielt – und es funktionierte.

Was mir beim Laufen noch fehlte, konnte ich mit Tanzen ausgleichen. Denn dass ich tanzen konnte, hatten die anderen schnell gesehen. Es dauerte nicht lange, bis sie mich als vollwertiges Mitglied in ihrer Gruppe akzeptierten. Was aber nicht heißt, dass ich mich auf die faule Haut legen konnte. Harte Arbeit war angesagt.

Unser Choreograph ließ uns oft vom Nachmittag bis in die tiefe Nacht schuften. Er war ein Perfektionist und achtete auf jedes Detail. Und wenn eine Drehung nicht hundertprozentig saß, mussten wir sie noch einmal machen. Und nochmal. Und nochmal. Ich weiß nicht, wie oft ich ihn dafür verflucht habe, aber rückblickend muss ich sagen, er war einer meiner besten Lehrer. Ich lernte, an Problemen zu arbeiten. Ich lernte, dass man sich nicht zufrieden geben sollte, ehe man nicht über sich hinausgewachsen ist. Immer weitermachen. «Ich kann nicht mehr» gab es nicht. Der Schweiß rann in Strömen, aber wir hörten erst auf, wenn der Choreograph zufrieden war.

Zu unserem Pensum gehörten die Laufschritte, aber auch die verschiedenen Tanzchoreographien aller Genres, und zusätzlich bekamen wir Schauspielunterricht. So hart wie bei ihm hatte ich nie trainiert, und so hart wie von ihm war ich nie gedemütigt worden. Nicht nur einmal habe ich vor Wut geheult. Und noch häufiger, weil ich mich vor Muskelkater kaum mehr bewegen konnte.

Doch ich kann nichts anderes sagen, als dass er mich ungeheuer weit gebracht hat. Man kommt in diesem Geschäft als Choreograph nicht weiter, wenn man mit zartem Stimmchen höflich um ein wenig mehr Engagement bittet. Das bringt nun mal nichts. Also muss man immer wieder motivieren, anders gibt es keine Leistung.

Der Lohn für die Quälerei waren die Auftritte. Für jeden Auftritt bei irgendwelchen Gesellschaften, in Hotels oder Clubs gab es 65 bis 80 Mark. Und das an mehreren Wochenenden im Monat – das war richtig viel für damalige Verhältnisse. Vor allem für mich als Schüler. Das erste Mal hatte ich eigenes Geld. Selbst verdient und sehr hart erarbeitet.

Der «Modeexpress» war in der ganzen DDR gefragt. Wir tourten quer durch die Lande, und nicht selten kam es vor, dass wir unterwegs auch mal übernachten mussten. In der Anfangszeit fühlte ich mich damit ziemlich unwohl, denn eigentlich alle Männer in unserer Gruppe waren schwul.

Auf diesem Gebiet hatte ich keine große Erfahrung vorzuweisen. Ich kannte einfach keine Schwulen, nur die landläufigen Voruteile. Irgendwie hatte ich die naive Vorstellung, dass mir alle unbedingt an die Wäsche wollten. Ich malte mir die wildesten Phantasien aus, fürchtete, dass ich im Schlaf überfallen würde. Im Geiste sah ich schon die Schlagzeile «Junger Tänzer von Männern überwältigt» oder so. Aber meine Angst war völlig unbegründet, nicht ein einziger hat mich angemacht. Meine Vorurteile und Befürchtungen zerstreuten sich in alle Winde. Na, und heute ist es ja fast normaler, schwul zu sein als hetero.

Bei so einem turbulenten Leben ist für Schulalltag natürlich nicht mehr viel Platz. Es wurde eine lästige Pflicht, in die Schule zu gehen, vor allem nachdem mein Berufswunsch – Erzieher oder Unterstufenlehrer – wider Erwarten platzte. Ich wurde abgelehnt.

Meine Zensuren waren zwar insgesamt in Ordnung, aber wer in Betragen nur ein «Befriedigend» hat, kann doch kein Vorbild für Kinder werden, dachte man offenbar. So waren mir meine Verhaltensnoten, die wir in der DDR bekamen, zum Stolperstein geworden. In diesem Fall half mir auch meine Karamellfarbe nicht weiter. Diese Eintrittskarte hatte ich selbst verspielt.

Ich war völlig ratlos. Über Alternativen hatte ich mir nie auch nur einen Gedanken gemacht. Die Zeit drängte und Frau Friedrich ebenso. So schnell wie möglich musste eine neue Lehrstelle her. Frau Friedrich kam dann mit einer im wahrsten Sinne des Wortes sehr nahe liegenden Idee: «Detlef», sagte sie, «du bewirbst dich bei der Werkzeugmaschinenfabrik Marzahn.» Der Betrieb lag gleich um die Ecke, und ich fand, dass Werkzeugmacher ja auch nicht so schlecht klang. Ich sah keinen Grund, gegen diesen Vorschlag zu rebellieren. Also begann ich nach der zehnten Klasse eine Ausbildung zum Werkzeugmacher in Marzahn. Und das Beste daran war, dass Yves in der gleichen Firma eine Lehre als technischer Zeichner anfing.

Tatsächlich muss meine Lehrzeit spurlos an mir vorbeigegangen sein. Gut, ich kann relativ geschickt mit Werkzeugen umgehen und weiß, wie man einen Nagel in die Wand haut. Handwerkliche Arbeiten machen mir auch durchaus Spaß, aber die Lehre? Sie war einfach nur langweilig. Ich gebe zu, dass ich bloß meine Zeit dort abgesessen habe. Aber es stand immer außer Frage, dass ich die Ausbildung zu Ende mache. Daran gab es nichts zu rütteln. Der Job hat mich nicht interessiert, mein Leben war nun mal der Tanz. Aber ich fand selbst, dass es wichtig ist, einen soliden Beruf zu lernen – egal, was danach kommt. Auch finanziell war die Ausbildung kein Anreiz. Mit den Modenschauen verdiente ich längst mehr als mit meinem kleinen Stiftsgehalt. Aber ich zog die Sache durch, da war ich mit mir selbst gnadenlos. Da stand ich nun an irgendwelchen computergesteuerten Hobelmaschinen und habe Metall bearbeitet – manchmal auch zu Schrott – und erfüllte meine Pflicht bis zum Schluss.

Manchmal frage ich mich, wie ich damals das Tanzen und die Lehre unter einen Hut bekommen habe, aber es hat funktioniert. Wir mussten schon als Lehrlinge in drei Schichten arbeiten, also auch nachts. Klar war ich immer müde. In den Pausen habe ich mich oft vor der Firma auf die warmen Abwasserrohre gelegt und ein Nickerchen gemacht. Da träumte ich dann von Tanzsälen und großen Bühnen.

«LEBEN FÜR DREI»

Das goldene Jahr der Showbranche brach an. Zum 750. Geburtstag von Berlin, im Jahr 1987, war die DDR völlig aus dem Häuschen. Man investierte in die Hauptstadt, sie sollte schön aussehen, und die Berliner sollten an nichts Mangel leiden. Koste es, was es wolle. Unentwegt gab es irgendwo Jubelfeiern und Festivitäten, bei denen eine Modetruppe gebraucht wurde. Wir hatten so viel zu tun wie noch nie. Es gab einen Monat, in dem wir unglaubliche 70 Auftritte hatten. An Erfahrung mangelte es mir bald nicht mehr.

Wir fuhren mit zwei Bussen der Marke «Barkas» von einem Auftritt zum nächsten. Von der Frauentagsfeier zum Betriebsjubiläum und weiter zum nächsten Stadtfest. Jedes Mal hieß es: Schnell raus, die Show absolviert – einmal noch verbeugen und wieder rein ins Auto. Dort haben wir uns fix umgezogen, damit die Kleiderdamen unsere Kostüme aufbügeln konnten.

Und wenn wir am nächsten Ort ankamen, ging das Spiel von vorne los: Raus aus dem Auto, die Show absolviert, verbeugen und ab. Es war einfach keine Zeit, um nervös zu sein. Keiner von uns kannte Lampenfieber. Wir absolvierten einen echten Show-Marathon. Und genauso fühlte es sich auch an: Irgendwann machte der Körper das meiste automatisch, und doch gab es danach immer diese

Glücksmomente, in denen es einfach Spaß machte und man für einen Augenblick völlig zufrieden sein konnte.

Die Veranstaltungen waren nicht kommerziell ausgerichtet, es ging nicht darum, am Ende die Klamotten zu verkaufen. Das Publikum sollte sich einfach gut unterhalten, und dementsprechend war die Stimmung: wunderbar. Während dieser wilden Tourzeit sammelte ich Erfahrungen im Schnellverfahren. «Fast Forward» hatte sich bis jetzt als Motto gut bewährt. Ich lernte über Logistik und Technik, bekam Routine in den Abläufen. Und immer mehr testete ich meine Belastungsgrenzen. Wie weit konnte ich gehen? Würde ich noch zwei Shows mehr pro Woche unterkriegen? War es möglich, noch mehr zu trainieren? Ich überschritt schon damals eine Grenze nach der anderen. Ich lebte ein Leben für drei.

Mit dem «Fitness Dance Club» und auch mit «Modeexpress» war ich zwar bis über beide Ohren beschäftigt, aber ausgelastet war ich offenbar noch nicht. Ich hatte ja auch noch meine eigene Gruppe, die «Dance Collection». Die hatte ich nicht aufgegeben, sondern nebenbei auch noch mit meinen Freunden trainiert. Wir waren inzwischen zu sechst, denn die Geschwister John und Josi waren auch noch dazugekommen.

Anfangs haben wir nur aus Spaß am Tanzen trainiert. Wenn wir in Discotheken auftraten, war es nicht um des Geldes willen. Wir wollten einfach gesehen werden. Die Leute sollten wissen, dass es da eine Gruppe gab, mit der man zu rechnen hatte, wenn es ums Tanzen ging. «Dance Collection», sollten sie sagen, «das sind doch die Coolen aus Marzahn.»

Außerdem fand ich bei «Dance Collection» die absolute Freiheit zum Experimentieren. Während wir alle irgendwo anders schweißtreibend und nach strengen Regeln trainierten, konnten wir mit unserer «Dance Collection» neue Ideen ausprobieren. Irgendjemand hatte immer einen verrückten Vorschlag, und den konnten wir dann auf der Stelle umsetzen. Aber nicht mit Leistungsdruck, sondern mit Freude. Wir wollten Tanzshows machen. Kostüme tragen. Glitzern und Spaß haben. John und ich guckten uns eine Menge bei unseren professionellen Modeschauen ab. Blauäugig waren wir auf keinen Fall. Wir hatten ein Ziel, und wir waren auf dem Weg.

Rumzuhängen, wie es viele andere in meinem Alter taten, war nie mein Bedürfnis. Ich wollte aktiv sein, auf keinen Fall Stillstand zulassen. Ich stürzte mich in mein Leben, als sei ich auf der Flucht. Vielleicht war ich das ja, auf der Flucht vor meiner Vergangenheit. Vorwärts, nur vorwärts. Ununterbrochen war ich beschäftigt, keine Zeit, mich umzudrehen, nicht zurückblicken, nicht erinnern. Immer nach vorn, nach vorn.

«FAMILIENFRIEDEN»

Im Prinzip führte ich mein Leben damals so, wie ich es wollte. Ich hatte ein Dach über dem Kopf und immer zu essen. Dass ich eigentlich in einer Familie lebte, spielte kaum eine Rolle. Die Beziehung zwischen Frau Friedrich und mir blieb an der Oberfläche. Sie hat mich nie wirklich interessiert. Und weshalb sie sich ihrerseits für mich engagierte, ist mir nie richtig klar geworden.

Konnte es sein, dass mich jemand wirklich einfach nur so mochte, ohne Eigennutz? Mir blieben Zweifel. Es kam zu einem unschönen Streit, in dem ich ihr vorwarf, mich nur wegen des Geldes aufgenommen zu haben. Sie war entsetzt. Ich war stinksauer.

Aber wenn ich an meine Heimzeit zurückdachte und sie mit meinem jetzigen Leben verglich, waren mir doch einige goldene Taler in den Schoß gefallen: Ich war längst kein Kind mehr. Mein Leben war das eines Erwachsenen. Ich hatte eine Lehrstelle, ich verdiente mein eigenes Geld mit dem Tanzen, ich hatte eine feste Freundin – mir ging es gut.

Bei Frau Friedrich zu leben bot mir mehr Freiheiten, als ich sie im Heim je gehabt hätte. Wahrscheinlich hätte ich mich nie in dieser Intensität dem Tanzen widmen können. Wenn ich mir überlege, wie oft ich erst spätabends nach Hause kam … Das hätte ich mir im Kinderheim nie erlauben können. Dort gab es feste Regeln, gegen die man nun mal nicht so einfach verstoßen konnte. Da hätte ich schon eine ganze Hand voll Erzieher austricksen müssen. Hier war es nur Frau Friedrich. Und sie zu überlisten war eine leichte Übung. Wenn sie nachts hörte, wie die Tür sachte ins Schloss klickte, glaubte sie, dass ich nun endlich nach Hause gekommen war. Dass ich stattdessen gerade losging, hat sie erst viel später herausbekommen.

Als mir das alles aufging, bekam ich ein schlechtes Gewissen. Insofern verstand ich ihre Idee, noch einmal gemeinsam in den Urlaub zu fahren, als Friedensangebot. Frau Friedrich schlug vor, eine Reise nach Bulgarien zu machen. Erst war ich schon verblüfft. Was sollten wir denn so lange miteinander anfangen?

Während der letzten Jahre hatte ich lieber mit meinen Kumpels Urlaub gemacht. Ein Jahr zuvor, mit 16, war ich mit Jacqui und ein paar Freunden in Ungarn gewesen. Wir hatten freie Bahn und fühlten uns wahnsinnig erwachsen. Erst zelteten wir einige Tage am Balaton und machten anschließend noch Station in Budapest. Zum Klamottenkaufen.

Die DDR-Mark stand immer in einem schlechten Kurs zum ungarischen Forint. Wir mussten also eigentlich die ganze Zeit aufs Geld achten. Trotzdem war es einer der schönsten Urlaube. Denn in den achtziger Jahren war Ungarn für uns der Westersatz. In der DDR war es oft schwierig, Klamotten zu finden, mit denen nicht gleich die ganze Nation rumlief. Gab es mal ein gutes Schuhmodell, hatten garantiert acht Mann in der Klasse die gleichen Schuhe.

Wer moderne Sachen haben wollte, mit denen man

auffiel, der fuhr nach Budapest. In diesem Sommer 1986 schlenderten wir endlos die Váci Utca entlang und fühlten uns wie die Könige. Schließlich kaufte ich mir eine helle Hose mit weißen Flecken und Streifen. Hört sich heute eher an wie falsch gewaschen, aber damals war es der letzte Schrei.

Und jetzt, kurz bevor ich volljährig wurde, sollte ich auf einmal wieder mit Familie verreisen? Doch Bulgarien war schon was Besonderes, das hat mich gereizt. So richtig mit Hotel und am Schwarzen Meer, das wollte ich mir auch nicht entgehen lassen – und wenn es obendrein dem Frieden diente, warum nicht?

Ich überlegte. War hin und her gerissen zwischen der Verlockung und der drohenden Langeweile. Dass ich zustimmte, war aber letztendlich die Aussicht, die Ferien trotzdem mit meinen Freunden verbringen zu können. Nachdem wir gemeinsam Kriegsrat gehalten hatten, beschlossen sie, auch nach Bulgarien zu fahren, wo wir uns dann treffen würden.

Die Reise ging also erst mal gemeinsam mit Frau Friedrich und Christine los. Wir fuhren mit dem Zug. Ungefähr 20 Stunden dauerte die Fahrt. Die Waggons waren völlig überfüllt, ich musste die ganze Zeit mit meinem grünen Jägerrucksack im Gang stehen. Teilweise zuckelten wir im absoluten Schneckentempo dahin, und obwohl ich ja nun wirklich gut trainiert war, taten mir irgendwann die Füße schrecklich weh. Eine Riesenstrapaze, aber auch normal. Züge waren immer voll, das war eigentlich nichts Neues.

In unserem Hotel angekommen, verbrachte ich ein paar Tage mit Frau Friedrich und Christine. Ich bemühte mich wirklich. Und es war streckenweise auch ganz nett, so als Familie faul am Strand zu liegen, aber irgendwann überfiel mich Unruhe. Es wurde mir einfach zu langweilig. Ich wurde einsilbig und wusste nichts mehr mit mir anzufangen. Frau Friedrich reagierte unverhofft großzügig auf mein Verhalten und meinte nach vier Tagen: «Na los, geh schon. Ich merke doch, dass du zu deinen Leuten willst.» Ich war so glücklich, dass sie nicht sauer war, dass ich sie in dem Moment richtig gern hatte. In Windeseile packte ich meinen Rucksack und machte mich zum Zeltplatz zu meinen Kumpels auf.

«PRÜGELPROGRAMM»

Freunde waren jetzt wichtiger als eine Familie. Die Tage, in denen ich mich nach der Geborgenheit eines Zuhauses gesehnt hatte, lagen endgültig hinter mir. Ich brauchte kein Heim. Ich brauchte keine Familie. Ich brauchte keine Frau Friedrich. Ab jetzt galt Detlef.

Den Freundeskreis von damals gibt es noch heute. Wir haben zwar alle nicht mehr so viel Zeit wie früher, doch es ist Tradition, dass wir uns an einem festen Tag im Jahr treffen. Wir haben extrem unterschiedliche Wege eingeschlagen. Einer lebt als Ökobauer auf dem Land, der andere arbeitet an seiner ersten Million als Manager, der Dritte schreibt Drehbücher … Doch obwohl wir in so verschiedenen Welten leben, verbinden uns noch immer unsere Jugendjahre.

Es ging nicht gerade ruhig zu, damals. Mann, wir waren ziemlich durchgeknallt. Wir machten die verrücktesten Sachen zusammen, beispielsweise unser «Prügelprogramm». Das beinhaltete, dass wir uns regelmäßig gegenseitig verprügelten.

Das hatte einen ganz praktischen Grund: Da nun immer öfter die Hooligans und die rechten Skinheads irgendwo lauerten, um eine Schlägerei vom Zaun zu brechen, mussten wir uns präparieren. Wir trafen uns deshalb in einer Turnhalle zum Kickboxen. Uns ging es dabei weniger um die exakte Technik des Kickboxens als vielmehr um Selbstverteidigung. Jedes Mal endete unser Training dann mit einer kleinen privaten Schlägerei. Abhärten war die Devise. Wer ein bestimmtes Quantum an Schlägen und Schmerzen eingesteckt hat, ist irgendwann daran gewöhnt und dafür gewappnet, redeten wir uns ein. Kein Grund mehr, Angst zu haben.

Aber mit Skinheads und Hooligans ließ dann auch meine erste Begegnung mit Rassismus nicht mehr lange auf sich warten. Ich war bisher nie, auch nicht von Kindern, wegen meiner Hautfarbe verachtet worden. Und nun, seit die Rechten in Marzahn nicht mehr zu übersehen waren, wurde ich deswegen sogar gejagt. Für die war ich Freiwild.

Yves und ich hatten die letzte S-Bahn genommen. Wir hingen angetrunken und müde in den Sitzen. Die Bahn wurde langsamer, quietschte und hielt. Aber wir bekamen kaum mit, dass auf dem Bahnsteig eine ganze Horde Bomberjackentypen stand. Als wir endlich begriffen, was los war, ging die Tür schon auf und wir hörten: «He, 'ne Presskohle, was hat die denn hier zu suchen? Dich machen wir kalt, du Negerschwein.» Sie kamen auf uns zu.

«Los komm, weg», rief Yves und riss mich am Ärmel. Wir rannten zum anderen Ende des Waggons und stürmten auf den Bahnsteig. Zur Treppe. Wo war die Treppe? Wir sprangen die Stufen hinunter und hörten hinter uns das Trampeln der Stiefel. Wir hörten das Keuchen von mindestens zehn bis fünfzehn Skins.

Ich sah schon vor mir, wie ich auf der Erde liege und die Stahlkappenstiefel meine Rippen zertrümmern. Laufen. Einfach nur laufen. Gegen die Überzahl hatten wir keine Chance. Wir rannten, ohne uns auch nur umzudrehen. Wo waren wir denn hier? Die Gegend war total verlassen, mitten in einem Gewerbegebiet, wo keine Menschenseele unsere Hilfeschreie je gehört hätte. Wir waren völlig auf uns gestellt.

«Ihr Scheißer, euch kriegen wir!», tönte es hinter uns. Gebrüll. «Abhauen!», das war das Einzige, woran ich denken konnte. Also weiter, egal wohin. Wir stürzten kopflos in eine Richtung davon. Glücklicherweise war unsere Kondition gut, wir hielten schon eine Weile durch. Irgendwann bemerkte ich, dass die Schritte hinter uns immer leiser wurden. Doch wir blieben nicht stehen. Erst als wir nichts mehr hörten außer unserem eigenen Keuchen, hielt Yves an. Völlig aus der Puste brachte er hervor: «Sie sind weg.» Wir hatten es geschafft. Wir fielen uns in die Arme und sanken auf die Knie. Das war knapp gewesen. Von nun an würden wir nicht mehr so gedankenlos nachts mit der Bahn fahren, da waren wir uns einig. Ein eigenes Auto musste her. Aber dafür musste ich erst mal volljährig werden.

Für mich war der 18. Geburtstag eigentlich kein so besonderer Tag wie für die meisten. Ich kam schon lange in jede Discothek, in die ich wollte. Kino war auch kein Problem, und zu Hause hatte ich ohnehin alle Freiheiten. Ich hätte dieses Leben gut und gerne noch eine Weile so weiterführen können, doch Frau Friedrich hatte, ohne dass ich darum gebeten hätte, pünktlich zu meinem 18. Geburtstag eine Wohnung für mich besorgt. Wie auf Autos und sonstige Luxusartikel musste man sonst in der DDR normalerweise auch auf Wohnungen jahrelang warten. Doch alle Heimkinder und Jugendlichen, die wie ich vom Jugendamt verwaltet wurden, bekamen mit der Volljährigkeit sofort eine Wohnung.

Es war also so weit. Meine erste eigene Bude. Ganz schön cool. Es war nur ein paar Straßen weiter. Eine typische Marzahner Neubauwohnung mit einem Zimmer, Bad und kleiner Küche. Ich war stolz, meine eigenen vier Wände zu haben, klar. Doch die Vorstellung, allein zu leben, konnte ich kaum ertragen. Stille und Einsamkeit waren ein Graus für mich. Ich fühlte mich erst richtig gut, wenn um mich herum Leben war. Ein anderer Mensch, der atmete.

Ich fragte Jacqui, ob sie mit mir zusammen einzöge. Sie musste nicht lange darüber nachdenken. Wir richteten uns gemeinsam ein, und es hätte alles richtig schön werden können, wenn ich nicht aus der Reihe getanzt wäre. Wir waren nun schon über drei Jahre zusammen, fast wie ein altes Ehepaar. Niemand war mir so nah wie sie. Keinem anderen vertraute ich so wie ihr, und doch wurde ich unruhig. Was ist, wenn sie mich verlässt? Ich fürchtete, dass sie mich verletzen könnte, also – so dachte ich – musste ich ihr zuvorkommen.

Ich ging fast nur noch allein aus. «Bin weg!», rief ich immer schnell, bevor ich die Wohnungstür hinter mir zuzog und losging, um andere Frauen kennen zu lernen. Gelegenheit gab es genug. Jacqui tanzte nicht, sie kam zwar manchmal zum Zuschauen mit, aber hatte ansonsten mit der Tanzwelt wenig zu tun. Ich hatte also freie Bahn.

Als ich auch abends lieber allein in die Disco gehen wollte, war sie noch nicht einmal misstrauisch. Ich flirtete, kokettierte und baggerte. Ich wollte, dass die Frauen sich in mich verliebten, und habe eine dumme Geschichte nach der anderen angefangen. Nicht nur mal ein kurzer Flirt für einen Abend – ich konnte den Mädchen wochenlang vorspielen, dass ich mich ernsthaft für sie interessiere. Ich balzte mit den üblichen Methoden – legte eine Showeinlage auf der Tanzfläche ein, spendierte Cocktails und hörte zu. Zuhören kam immer gut an, das kapierte ich schon damals. Dann lief der Rest meist von allein. Es war gemein. Kurz: Ich benahm mich wie ein Schwein.

Mittlerweile hatte ich auch ein Auto. Gleich nach meinem 18. Geburtstag bekam ich von der GST – Gesellschaft für Sport und Technik – endlich meinen Führerschein ausgehändigt. Jetzt fehlte nur noch die Karre. Auf ein neues Auto hätte ich mindestens zehn Jahre Wartezeit gehabt, also besorgte ich mir auf dem Schwarzmarkt einen ollen Wartburg. Er war weiß, mit Lenkradschaltung, und hatte mindestens zehn Jahre auf dem Buckel. Aber was machte das schon? Ich ignorierte auch die verrosteten Kotflügel. Hauptsache, ich hatte ein Auto. Bestens geeignet zum Angeben. Die Mädchen konnte man damit beeindrucken, und das habe ich mir nicht nehmen lassen. Ich hatte, ohne dass Jacqui es bemerkte, nebenbei Affären. Eine nach der anderen.

Ich verstand mich selbst nicht. Hätte ich doch schwören können, dass ich Jacqui liebte und dass ich sie auf keinen Fall verlieren wollte. Bildete ich mir ein, mich zu schützen, wenn ich selbst alles zerstörte? Lange wollte ich nicht wahrhaben, dass ich mit meinen Eskapaden tatsächlich alles kaputtmachte.

Aber noch ahnte Jacqui von alledem nichts und war

ein Engel. Auch ihre Familie versuchte alles, um mich zu integrieren. Jacquis Bruder Roger, der ebenso wenig erriet, was ich nebenbei so trieb, war mir ein echter Freund. Was er wohl gemacht hätte, wenn er mein Spiel durchschaut hätte? Ich fürchte, das wäre nicht gut für mich ausgegangen.

Seit ich bei Frau Friedrich ausgezogen war, besuchte ich Jacquis Eltern noch häufiger als zuvor. Frau Friedrich hingegen sah ich nur noch selten. Ab und zu ging ich hin, weil ich fand, es gehörte sich so. Schließlich wollte ich nicht undankbar sein. Aber es war jedes Mal eine völlig verklemmte Stimmung. Nachdem wir alle Fragen wie «Was macht die Lehre?» oder «Wie kommst du zurecht?» durchgehechelt hatten, wussten wir uns nichts mehr zu sagen. Frau Friedrich verschwand genauso langsam und unauffällig aus meinem Leben, wie sie gekommen war. Ein merkwürdiges Kapitel, das da zu Ende ging. Eine Beziehung, die von Gleichgültigkeit und Fremdheit bestimmt gewesen war, verschwand. Und es war mir egal.

Weihnachten stand vor der Tür. Ich feierte dieses Jahr bei Jacquis Familie. Sie wohnten in einem Hochhaus im 14. Stock. Aus der Musikanlage klangen Weihnachtslieder, das Wohnzimmer war feierlich geschmückt, und auf dem Baum brannten die Kerzen. Es war eine schöne Stimmung. Friedlich und zufrieden. Dann kam die Bescherung. Bevor man sein Geschenk bekam, musste man ein Gedicht aufsagen oder ein Lied singen.

«Von drauß' vom Walde komm ich her, ich muss euch sagen, Weihnachten kommt bald», deklamierte Roger. «He, falsch! Du musst wenigstens die erste Zeile richtig sagen!», rief Jacqui. Wir haben so viel gelacht an diesem

Abend. Jacquis Vater sang immer völlig daneben, und Roger vergaß ständig den Text. Alle waren ausgelassen, sie mochten mich und akzeptierten mich so, wie ich war. Ich wurde beschenkt, umarmt, und jeder wünschte mir nur Gutes …

Und ich saß da in der familiären Geborgenheit und fragte mich, wie ich dieses wunderbare Mädchen nur betrügen konnte. Ich hatte wieder keine schönen Geschenke für die anderen. Wie jedes Jahr war ich auch diesmal kurz vor knapp in die «Kaufhalle» gerannt und hatte aus Verlegenheit Sekt und Pralinen und für Jacqui noch eine Feinstrumpfhose gekauft.

Ich bin völlig ungeschickt im Geschenkekaufen. Deswegen ist es mir auch unangenehm, selbst etwas geschenkt zu bekommen. Dieser Druck, wenn alle schauen, ob und wie ich mich freue. Und auf der anderen Seite schäme ich mich, dass andere mir eine Freude machen und ich noch nicht einmal eine Idee für ein Geschenk zustande gebracht habe. Aber auch schenken muss man wohl lernen. Ich habe noch viel vor.

Am Heiligen Abend 1988 aber fühlte ich mich plötzlich unwohl, dort bei Jacqui unter dem Weihnachtsbaum. Ich spürte, dass ich doch nicht richtig dazugehörte. Irgendwas stimmte nicht, es war einfach nicht meine echte Familie. «Können wir nicht gehen? Ich würde gerne mal raus», drängte ich zum Aufbruch. Jacqui verstand mich nicht. «Wieso? Ist doch gerade so gemütlich.» – «Dann bleib du eben hier. Ich muss jetzt hier raus», fuhr ich sie an und machte mich davon. Wahrscheinlich verdarb ich damit auch ihr noch den Abend.

Ich traf mich mit John, und er brachte noch drei Freunde mit: Ossa, Isia, Mucki. Wir liefen durch die Nacht, die Straßen waren menschenleer. Überall saß man jetzt in trauter Familienrunde und feierte. Wir waren auf dem Weg zur «Feuerwache», einer Disco in Marzahn, als uns plötzlich auffiel, dass wir allesamt Mulatten waren. Weihnachtsflüchtlinge waren wir obendrein. Wir sind eben anders, dachte ich mir.

In der «Feuerwache» genossen wir leicht angeheitert die Stimmung, als plötzlich Skins auf der Tanzfläche auftauchten. Ich ahnte schon, dass es Ärger geben würde, und wollte am liebsten gleich abhauen. Aber es war schon zu spät. Na dann, frohe Weihnachten.

Es begann wie immer: blöde Blicke, scheinbar zufällige Anrempelungen – und schon war Mucki in eine Schlägerei mit einem der Typen verwickelt. Unseren Freund würden wir natürlich nicht im Stich lassen. Was blieb uns da anderes übrig, als mitzumischen? Die Türsteher haben blitzschnell reagiert und uns auseinander gerissen. Aber wir waren so in Wut, keiner von uns wollte jetzt Ruhe geben. Wie wilde Hunde schrien und brüllten wir und versuchten, aufeinander loszugehen. Und als dann noch Sprüche wie «Los, gehn wa' raus», «Na komm schon, oder kneift's in der Hose» und «Beweg deinen Arsch raus» kamen, gab es kein Halten mehr. Alle stürmten nach draußen, wie eine Horde Irrer.

Die paar Wochen dilettantisches Kickboxen hatten bei mir jede Angst vertrieben. Furchtlos lief ich auf einen riesigen Zwei-Meter-Schrank zu. Dass die anderen Discobesucher zugeschaut haben, hat mich nur noch zusätzlich angespornt. Sie feuerten mich an und ließen sich von meinem großspurigen Rumgehampel beeindrucken. Und dann, plötzlich, kam die erste Linke, gleich darauf eine Rechte. Links, rechts, Haken, links, rechts. Dann, meine Damen und Herren, folgte einer der peinlichsten Momente meines Lebens: Ich brüllte plötzlich wie ein Kind laut und vernehmlich «Aua». Der Bomberjacken-Schrank ließ vor Schreck sofort von mir ab, und überall hörte ich das Gelächter. Gedemütigt und mit einem dicken Auge schlich ich davon. Mein Freund Yves, der das Ganze beobachtet hatte, brachte mich nach Hause. Dieses Weihnachtsfest würde ich so schnell nicht vergessen. Aber ich hatte eine Lektion gelernt. Nie wieder würde ich meine Schmerzen zeigen.

«DIE MAUER IST AUF»

Es wurde 1989, und so langsam war es nicht mehr zu übersehen, dass sich in meinem Land allmählich alles auflöste. Immer öfter verschwanden Kollegen aus der Showbranche. «Der ist drüben», hieß es meist. Es war bedrückend. Alles schien so festgefahren. Auch wenn es konkret in meinem Leben gut voranging. Meine Lehre hatte ich fast geschafft, und mit dem Tanzen lief es besser als je zuvor. Ich kannte inzwischen eine Menge Leute, die uns buchen wollten und uns außerdem noch weitervermittelten. Selbst vom Staatlichen Modeinstitut, das mich einst abgelehnt hatte, erhielt ich nun regelmäßig Aufträge. Mittlerweile hatten wir auch mit «Dance Collection» gut zu tun und verdienten sogar Geld mit unserer Truppe.

Große Hoffnungen, dass sich die politische Situation verbessern würde, setzten wir in die Wahl im Mai 1989. Um mich herum waren sich fast alle einig: Wir würden entweder nicht hingehen oder die «Kandidaten der Nationalen Front» auf dem Wahlzettel durchstreichen. Eine andere Möglichkeit, Protest zu zeigen, gab es kaum.

Doch als wir nach der Wahl erfuhren, dass die Ergebnisse gefälscht worden waren, verschlechterte sich die Stimmung. Was gab es hier noch für eine Hoffnung? Wir bekamen diesen allgemeinen Frust auch bei unseren Auftritten zu spüren. Die Säle blieben halb leer. Die Leute waren nicht mehr so vergnügungssüchtig, sie beschäftigten sich jetzt mehr mit Politik.

Im Sommer flüchteten Tausende über die ungarische Grenze in den Westen. Natürlich habe ich mir auch überlegt, ob es besser wäre, abzuhauen. Aber ich konnte mich nicht entschließen. Hier waren doch meine Freunde, und hier hatte ich mir was aufgebaut. Drüben kannte mich niemand. Noch nicht. Ich wollte abwarten.

Mitte des Jahres beendete ich meine Ausbildung. Ich konnte mich jetzt Werkzeugmacher nennen und als Geselle in der Firma anfangen. Dass wir alle übernommen würden, war klar. Genauso, dass wir dort bis zur Rente arbeiten könnten. Was für eine Perspektive! Mich versetzte sie in Angst und Schrecken ... Die nächsten 45 Jahre täglich an der Hobelmaschine? Auf keinen Fall! Keinen Tag länger! Ich wollte tanzen! Ich hatte mein Abschlusszeugnis kaum in der Hand, als ich zum Meister ging, um zu kündigen.

Ich war frei – ein freier Tänzer. Meine Aussichten, damit mein Geld zu verdienen, waren gut. Ich würde erst mal hier bleiben. Die politische Lage habe ich allerdings aufmerksam verfolgt. In dieser Zeit hat man sogar wieder «Aktuelle Kamera» gesehen, die tägliche Nachrichtensendung im DDR-Fernsehen. Viel mehr als zuvor wurde offen über Probleme geredet, und jeden Tag passierte etwas Neues. Sogar über neue Reisegesetze wurde debattiert.

Am 9. November gingen Jacqui und ich früh ins Bett. Vor dem Schlafengehen schaltete ich noch einmal die Nachrichten ein. Ich sah Menschenmengen, die sich in endlosen Schlangen durch Berlin bewegten. Wackelnde Kameras und überall weinende Leute. Was ich da hörte, habe ich überhaupt nicht begriffen. Was war los, die Mauer war offen? Ich rüttelte Jacqui wach: «Guck mal, die sagen, man kann jetzt rüber. Ich glaube, die Mauer ist offen.»

Ungläubig stierten wir nun beide auf den Fernseher und wussten nicht, was wir sagen sollten. Das war so unvorstellbar, dass ich mich noch nicht einmal freuen konnte. Ich begriff es einfach nicht. Irritiert hörten wir die Worte von Günter Schabowski, der als Politiker die alles verändernde Nachricht von der Grenzöffnung verkündet hatte, und verstanden nichts. Wir schalteten um und sahen auf allen Kanälen die gleichen Bilder: euphorische Menschen, die Grenzposten umarmten, Bagger an der Mauer. Irgendwie war das alles ein bisschen viel für so einen Novemberabend. Wir beschlossen, erst einmal in aller Ruhe zu schlafen.

«ZAUNGAST»

Nachdem ich die Nacht der Grenzöffnung verschlafen hatte, war ich am nächsten Morgen hellwach. Ich konnte eigentlich noch immer nicht glauben, was da passiert war. Die Mauer sollte offen sein? Unsere Mauer? Das wollte ich so schnell wie möglich mit eigenen Augen sehen. Man musste ja nicht gleich übersiedeln, aber wenigstens mal gucken! Wer konnte schon sagen, ob sich die Politiker nicht morgen bereits wieder alles anders überlegten …

Jacqui musste eigentlich zur Berufsschule, aber sie beschloss zu schwänzen. An so einem historischen Tag konnte man nun wirklich nicht einfach zum Unterricht gehen. Also sind wir in meinen Wartburg gestiegen und bis zum Grenzübergang Bornholmer Straße gefahren. Dort haben wir das Auto vorsichtshalber abgestellt. Es erschien mir viel zu gefährlich, mit dem Wagen in den Westen zu fahren. Was da alles hätte passieren können …

Langsam näherten wir uns dem überfüllten Grenzübergang und beäugten die Situation skeptisch. Ob wir auch wieder zurückgelassen würden? Zur Sicherheit ließen wir uns einen ordentlichen Ausreisestempel geben, obwohl das bei der Menschenmenge letztendlich dann keiner mehr kontrolliert hat. Langsam und Schritt für Schritt liefen wir über die Brücke. Um uns herum Tausende von Menschen. Die Stimmung war immer noch euphorisch, aufgeregt und irgendwie auch ein bisschen ängstlich. Dann, endlich, taten wir das erste Mal einen Blick hinter die Mauer. Ohne Fernsehschirm und Mattscheibe, ganz direkt. Das war Hollywood! Die Menschen sahen anders aus, überall Leuchtreklamen, knallbunte Tankstellen. Ich war erschlagen.

Wir gingen einfach immer weiter geradeaus – wir wussten ja nicht so richtig, wohin eigentlich –, immer tiefer in den Wedding hinein, bis wir zur Badstraße kamen.

Hier gab es ein Geschäft neben dem anderen, Schaufenster ohne Ende und Mengen von Menschen, die in die Läden drängten. Wir schauten beklommen in die vielen Auslagen und dachten: Aha, das ist also der Westen. Wir sprachen nur wenig, denn uns beiden war die Situation unheimlich.

Plötzlich war alles neu. Weder Jacqui noch ich waren in diesem Moment so berauscht wie die Menschen, die man auf den immer wieder gezeigten Archivaufnahmen von damals sehen kann. Uns war eher unbehaglich. Wir hatten beide nur ein paar Pimperlinge Westgeld in der Tasche und fühlten uns in erster Linie unsicher. Da standen wir nun in einer Welt, in der wir uns nichts kaufen konnten und in der wir uns überhaupt nicht auskannten.

Wir wussten noch nicht einmal, wo wir uns gerade befanden. Obwohl direkt vor unserer Nase eine U-Bahn-Station war, trauten wir uns nicht, einzusteigen, um vielleicht zum Ku'damm zu fahren. Wir waren zwar neugierig, wie es dort wohl aussähe, aber noch überwog eine nicht zu erklärende Angst vor dieser neu gewonnenen Möglichkeit. An diesem Tag liefen wir bald wieder zurück in den Osten, um uns von den vielen Eindrücken zu erholen.

Aber dabei blieb es natürlich nicht. Wie alle anderen wollte ich auch den Westen kennen lernen und bin in den nächsten Tagen immer wieder rübergefahren. Bald kannte ich mich besser aus, wusste, wo der Ku'damm war und vor allem, wie man dort hinkam. Es dauerte nicht lange, da passierte ich die Grenze, als hätte ich nie etwas anderes getan. Einziger Wermutstropfen blieb: Ich hatte kein Westgeld. Mir immer nur die Nase an den Schaufenstern platt zu drücken war auf die Dauer auch ein frustrierendes Erlebnis.

Ich fühlte mich außen vor, als Zaungast.

«DAS SCHNELLE GELD»

Es ist schon unglaublich, wie viele unterschiedliche Möglichkeiten es gibt, zu Geld zu kommen – oder es zu verlieren. Wenn ich auf die ersten Jahre nach der Wende zurückschaue, beschleicht mich ein merkwürdiges Gefühl. Einerseits waren es ziemlich bewegte Zeiten, überall taten sich neue Wege auf, Möglichkeiten, von denen wir vorher noch nicht einmal zu träumen gewagt hatten. Andererseits bargen all diese Verlockungen natürlich ein potenzielles Risiko in sich. Ein Risiko, das ich immer wieder zu spüren bekam.

Man kann die Jahre zwischen 1989 und 1999 wohl als mein wildes Jahrzehnt beschreiben. Ein Jahrzehnt, in dem ich dem Aufschwung hinterherrannte und dem Absturz näher kam als je zuvor.

In der DDR war es mir in den letzten Jahren durch die Modenschauen und das Tanzen finanziell gut gegangen. Jetzt stand ich auf einmal da und konnte mir nichts leisten von all den Schätzen aus dem «goldenen Westen». Das Angebot war überwältigend, aber dafür brauchte man eben Geld.

Woher nehmen, wenn nicht stehlen? Roger und ich beschlossen, unsere Situation zu ändern und finanziell westtauglich zu werden. Als Erstes brauchten wir einen Job.

Wir liefen den Ku'damm rauf und runter und überlegten, was man anfangen könnte. Am besten einfach fragen. Systematisch klapperten wir die Geschäfte ab. «Guten Tag, Sie brauchen nicht zufällig noch zwei gut aussehende Jungs, die Ihnen Kunden in den Laden bringen?», stellten wir uns abwechselnd vor. Nichts. «Kein Bedarf.» Aber dann kamen wir in den französischen Fresstempel «Marché». Und wir hatten Glück.

Ich sollte eine Schürze und eine Kochmütze anziehen und konnte gleich dableiben. «Dir bringen wir das Kochen schon bei», empfing mich der Küchenchef freundlich. Die Erfahrungen aus der Hauswirtschaftsgruppe lagen weit zurück, viel war nicht mehr übrig von dem, was ich einmal gewusst hatte, aber ich hatte ein gutes Händchen. Hier konnte ich jetzt richtig kochen lernen – Pilze mit Weißwein ablöschen zum Beispiel. Allein die Formulierung war mir vorher noch nie untergekommen.

Wir lebten bei «Marché» wie die Maden im Speck. Obwohl es eigentlich nicht erlaubt war, aßen und tranken wir, so viel wir konnten. Als wären die letzten 19 Jahre nachzuholen, trank ich literweise Cola und aß unendlich viel Kuchen. Etwas Besseres hätte uns in diesen ersten Wochen nach der Wende nicht passieren können.

Von meinem ersten verdienten Westgeld, genau 500 Mark, kaufte ich mir sofort ein neues Auto. Mein Wartburg war nun wirklich nicht mehr standesgemäß. Ein BMW musste es sein. Der war zwar orange, nicht wirklich im Trend, aber das habe ich hingenommen.

Ich hatte ihn gerade erst ein paar Tage gefahren, als er plötzlich nur noch stotterte und tuckerte und irgendwann mit viel Qualm mitten auf der Straße stehen blieb. Ich versuchte wieder und wieder, ihn anzulassen, aber der Motor jaulte nur gequält. Yves, der mit mir unterwegs war, half mir, das Auto an den Straßenrand zu schieben, damit es nicht den Verkehr blockierte. Diese Aktion hat bei Yves bleibenden Eindruck hinterlassen, denn das Auto rollte dabei auch noch über seinen Fuß. Das hat er bis heute nicht vergessen.

Mein orangefarbener BMW stand nun irgendwo an einer Schnellstraße mitten in Berlin und hatte den Geist aufgegeben. Es sah so aus, als sei ich in die klassische Falle getappt: Naiv und ganz begierig auf Status und all die tollen Sachen aus dem Westen, war ich Opfer schlauer Geschäftsleute geworden. Ich hatte mich schlicht übers Ohr hauen lassen. Pech.

Ein Kumpel brachte das Auto wenigstens so weit, dass wir es bis vor meine Haustür fahren konnten. Und dann musste ich zusehen, wie aus meinem sechszylindrigen BMW innerhalb von nur drei Tagen ein vierzylindriger wurde und ein altersschwacher obendrein. Was für eine Demütigung!

Aber mit dieser Niederlage wollte ich mich nicht so schnell abfinden. Zu solchen Gelegenheiten kommt der Kämpfer in mir zum Vorschein. So nicht, beschloss ich. Dann werde ich eben auch bescheißen.

Mein Nachbar scharwenzelte schon seit Tagen um meinen quietschorangen BMW herum und machte immer wieder Stielaugen. Ich gebe es ungern zu, aber sein Verhalten war mehr oder weniger eine Einladung zu einem unmoralischen Angebot. Ich ergriff die Gelegenheit beim Schopfe: «Interessiert er dich? Willst du ihn haben?» Der Nachbar war völlig überrumpelt, konnte aber seine

Neugier nicht verhehlen. Die Vorstellung, dass der BMW ihm gehören könnte, machte ihn ganz nervös. «Ja, schon. Geht denn das? Was soll er denn kosten?», stotterte er. «Den kannst du sofort haben, ich mache dir ein gutes Angebot», sagte ich, und schon hatte das Auto seinen Besitzer gewechselt.

Natürlich stand der Nachbar kurze Zeit später vor meiner Wohnungstür und klingelte Sturm, denn das Tuckern hatte auch bei seinen Fahrkünsten nicht lange auf sich warten lassen. «Das ist Betrug! Gib mir mein Geld zurück!» Betont ruhig und sachlich sagte ich: «Das Auto ist kaputt? Wie merkwürdig. Da kann ich jetzt leider auch nichts machen. Aber wir können gern mit meinem Anwalt darüber reden. Der wollte sowieso in einer Stunde hier sein.» Ich rannte los zu meinem Kumpel Marcel. Der war ein echter Anzug-Typ, immer gut gekleidet in weißem Hemd und mit Krawatte. «Du musst sofort mitkommen», drängelte ich ihn, und auf dem Weg zurück zu meiner Wohnung erklärte ich, was er zu tun hatte.

Der Nachbar war immer noch wahnsinnig aufgeregt und ziemlich wütend. Was darauf folgte, war eine schauspielerische Meisterleistung von Marcel. Er hörte sich erst geduldig die Schimpftirade meines Nachbarn an und schwieg eine Kunstpause lang. Dann hob er an zu einer unglaublichen Rede mit einem Gewirr von Paragraphen und Absätzen und endete mit dem Kommentar: «Wissen Sie, es gilt der Tatbestand ‹gekauft wie gesehen›, und so ein Kauf ist nun mal nicht rückgängig zu machen.» Der Nachbar war sprachlos. Er schaute verwirrt, warf mir dann einen bösen Blick zu und ließ seine Wohnungstür hinter sich ins Schloss krachen. Das war knapp.

Diesmal war ich mit meiner krummen Tour noch davongekommen.

Ich gebe zu, ich scheute mich nicht, fast alles auszuprobieren, um an schnelles Geld zu kommen. Heute muss ich manchmal wirklich lachen, über die Naivität, mit der ich die Dinge damals in Angriff genommen habe. Ich habe mich oft in die Bredouille manövriert – und nicht immer gab es einen so einfachen Ausweg wieder heraus wie mit Marcel beim Autoverkauf.

Die Welt hatte so viel zu bieten, leider nur nicht umsonst. Aber ich wollte das Leben genießen – koste es, was es wolle.

Nach ein paar Monaten Arbeit bei «Marché» stellte sich das Gefühl ein, dass wir noch viel mehr Geld brauchten. Es reichte an keiner Ecke zu unserem angestrebten Lebensstil. Wir brauchten neue Ideen. Und die ließen nicht lange auf sich warten.

Am Bahnhof Zoo – immer noch der Ort, an dem krumme Dinger gedreht und zwielichtige Geschäfte gemacht wurden – bekamen wir mit, dass Landsleute aus dem Osten nach Umtauschmöglichkeiten für ihre Ost-Mark suchten. Die Leute waren bereit, zum Kurs von 7:1 ihr Ostgeld für Westgeld zu tauschen. Was für eine glänzende Gelegenheit, dachten wir uns und haben einen Teil unseres verdienten Geldes wieder in Ostgeld verwandelt.

Es war kein Geheimnis, dass die Währungsunion vor der Tür stand. Und ein paar Monate später, im Sommer 1990, konnten wir die Ost-Mark wieder 1:2 in die harte West-Mark umtauschen. Da man allerdings nur bis zu einer bestimmten Summe zu diesem Kurs wechseln durfte, suchten wir uns Leute, die selber nicht viel hatten, was sie umtauschen konnten. Auf deren Konto parkten wir zur Währungsunion dann unser Geld, am Schluss wurden alle am Gewinn beteiligt, und wir hatten dem Staat ein Schnippchen geschlagen.

Geld war das alles beherrschende Thema. Es ging um nichts anderes mehr. Geld, Geld, Geld. Unser lang gepflegter sozialistischer Gedanke ging in dieser Zeit gründlich zum Teufel.

Als in meiner Stammdisco «Corny Island» mein Kumpel Stefan erzählte, dass er nun Finanzberater bei einem großen Vermögensberatungsunternehmen sei und bald reich sein würde, wurde ich neugierig. Finanzberater? Das klang gut! Das wollte ich auch sein.

Stefan nahm mich mit zu einer Informationsveranstaltung in die Badstraße. Dorthin, wo ich am Tag nach dem Mauerfall zuerst gewesen war – das konnte doch kein Zufall sein, dachte ich und wertete es als gutes Zeichen.

Der niedrige Raum war proppenvoll. Seite an Seite saßen hier auf den grünen Plastikstühlen lauter Leute, die eine Möglichkeit witterten, schnell Geld zu verdienen. Wie ich. An einem Clipboard stand ein hagerer Mann mit dünnem Schnurrbart, einer großen Brille und Dauerwelle. Genau der Typ Westler, der sich in dieser Zeit an der Grenzöffnung gesundgestoßen und die Unwissenheit der Leute schamlos ausgenutzt hat.

In lila Anzug und buntem Schlips machte er großen Eindruck auf uns. Er begrüßte uns. «Meine Damen und Herren, es freut mich, dass Sie heute den Weg hierher gefunden haben. Sie haben die Zeichen der Zeit erkannt. Ihnen ist klar geworden, dass es viel zu tun gibt in diesem Land. Gemeinsam mit unserer Firma werden Sie den Menschen helfen können, das Beste aus ihrem Leben zu machen. Und auch für Sie wird es sich lohnen.» Er hüstelte. Dann blätterte er eineinhalb Stunden lang pausenlos große Papierseiten am Clipboard um und dozierte über Finanzdienstleistungen, Vermögen, Kapital, Zinsen, Rendite … Mit dicken bunten Filzstiften malte er große Kreise und viele Zahlen auf die Seiten.

Ich habe an diesem Abend nichts begriffen, nur so viel: Am Ende würde man reich sein. Und genau das wollte ich.

Als Erstes kaufte ich mir einen bordeauxroten Anzug. Sozusagen als Ausgangsbasis. In den nächsten Jahren wurde dieser Anzug zu meinem Erkennungszeichen, denn bei allen verrückten Geschäftsideen, die ich im Laufe der Zeit entwickelte, hielt ich an meinem Traum vom Finanzberater am längsten fest.

Außerdem ging ich jede Woche brav zur Schulung beim Schnurrbartmann und ließ mir die Welt des Geldes erklären. Ich lernte, wie man mit Kunden eine Finanzanalyse macht. Das war im Grunde nichts anderes, als ein Haushaltsbuch zu führen, in das man alle Ein- und Ausgaben schrieb – wie die Hausfrauen es schon vor hundert Jahren machten. Aber bei uns wurde diese einfache Rechnung zu einem komplizierten Verfahren, der Kunde sollte etwas geboten bekommen für sein Geld. Ich lernte, wie man seriös vor Kunden auftritt und welche unterschiedlichen Versicherungstypen es gibt. Ich hatte bis zu diesem Zeitpunkt nicht die geringste Ahnung davon gehabt, was man alles versichern kann.

Bald war ich präpariert und konnte alleine losziehen,

um meine ersten Kunden zu beglücken. Natürlich im Osten. Vor dem Spiegel übte ich vorher Sätze wie: «Ich glaube, da kann ich etwas für Sie tun» oder «Wir schauen am Markt, was für Sie am besten ist».

Mein gesamter Bekanntenkreis musste herhalten. Fast jeder hat im Laufe der Jahre ein Beratungsgespräch von mir über sich ergehen lassen müssen. Ich war geschäftstüchtig und glaubte an die Sache.

Die Firma köderte uns geschickt mit dem Argument, dass wir alle Provisionen, die wir verdienten, nach der Währungsunion in Westgeld ausgezahlt bekommen würden. Das sprach sich schnell herum, sodass bald mein halber Freundeskreis in die Vermögensberatung ging. Alle wollten das große Geld machen. Und zwar schnell.

Doch kaum hatte ich etwas verdient, war es auch schon wieder weg. Das Geld rann mir durch die Finger, als wäre es Wasser. Unser Leben war extrem kostspielig geworden, denn wir wollten lieber jetzt als gleich so sein wie die Westler.

Überhaupt konnte man von denen scheinbar einiges lernen, wenn es um Geschäftemacherei ging. Ich beobachtete, wie viele Westler plötzlich in unserer Gegend auftauchten und sich etablierten.

Da gab es einen, der in Windeseile eine ganze Videotheken-Kette gründete und damit lange Zeit das Monopol in unserer Gegend hatte. Jacqui arbeitete in einem seiner Läden. In ihrem Ausbildungsberuf als Schneiderin war in dieser Zeit keine Anstellung zu finden. Manchmal holte ich sie nach der Arbeit ab, oder ich hing einfach so ein bisschen in der Videothek rum. Man lernte dort ja allerhand interessante Leute kennen.

Unter anderem knüpfte ich Kontakt mit einem Westler, der sein Geld mit der Vermietung von Werbeflächen verdiente. «Viel Geld!», wie er betonte. Natürlich könne ich auch mitmachen und «viel Geld» verdienen. Ich sollte einfach nur freie Flächen akquirieren. Noch war der Osten werbefrei. Es gab keine großen Schilder, wie sie heute überall prangen, die Häuserwände waren noch immer grau. Mit dem Gefühl, den Menschen den Fortschritt zu bringen, fuhr ich durchs Land und suchte nach passenden Mauern und Wänden für Werbung. Ich malte mir schon meinen Verdienst aus – hundert Mark sollte ich für jede Fläche bekommen, und freie Plätze, leerstehende Fabriken gab es unendlich viele. Aber ich lief mir die Hacken wund, wurde von Pontius zu Pilatus geschickt und fand nie die zuständigen Leute. Keiner wusste mehr, wer der Ansprechpartner war, alles hatte sich mit der Wende verändert, aufgelöst. In der Hoffnung, dass es auf dem Land besser sei, fuhr ich immer weiter – bis nach Mecklenburg. Dort war es zwar leichter, die Besitzer der Häuser und Grundstücke zu finden, doch die Leute waren unendlich misstrauisch. Ich redete auf sie ein, erklärte, pries an und überschlug mich vor Begeisterung – aber vergeblich. Nach einem Monat hatte ich immer noch keine müde Mark verdient und gab den Job wieder auf.

Aber wenn um einen herum der Wohlstand ausbricht, wenn es scheinbar jedem im Westen mühelos gut zu gehen scheint, wenn sich dort jeder Hanswurst ein dickes Auto leisten kann, wie soll man sich da mit weniger zufrieden geben? Vor allem, wenn man jung, lebenshungrig, dafür aber wenig erfahren ist?

Ich ließ mich nicht von der Idee abbringen, mich an den Westlern zu orientieren. Ich kannte einen Imbissbesitzer, dessen Geschäft zu laufen schien, und natürlich fuhr auch er einen Mercedes. Dass da ein Zusammenhang bestand, lag für mich auf der Hand: Imbiss gleich Mercedes. Auch nicht schlecht, dachte ich mir. Werde ich eben Imbissverkäufer.

Ich musste nicht lange nach einem Mitstreiter suchen. Mein Freund Kai war gleich Feuer und Flamme. «Meine Eltern haben einen Campingwagen, den können wir bestimmt benutzen», meinte er. Sofort gingen wir zum Bezirksamt und holten uns eine Standgenehmigung. Dass man die braucht, wussten wir immerhin. Danach verfrachteten wir den Campingwagen, der sich als absolute Minivariante entpuppte, vor den S-Bahnhof Springpfuhl in Marzahn. Der Anfang war gemacht.

Am nächsten Morgen standen wir früh auf. Wir hatten herausgefunden, wo der Großmarkt war, und machten uns auf zu unserem ersten Einkauf als selbständige Unternehmer in der Restaurant-Branche. Wir kauften 200 Brötchen und Unmengen an Butter, Salami, Käse und Kopfsalat. Außerdem noch 15 Paletten mit Cola, Fanta und Sprite. So schnell es ging, brachten wir alles zu mir nach Hause, um dort mit Hilfe unserer Freundinnen sämtliche Brötchen zu schmieren. Das dauerte! Stunden vergingen, und uns schwante, dass es mit dem Morgengeschäft heute wohl nichts mehr würde. Dann warteten wir eben die Mittagszeit ab. Irgendwann mussten die Leute ja auch mal Pause machen.

Feierlich öffneten wir unseren Campingwagen und drapierten die Brötchen, so ansehnlich es ging. Sogar an

Pappschilder hatten wir gedacht. Erwartungsfroh sahen wir den vielen Menschen entgegen, die unterwegs waren, und stellten uns vor, wie wir zum Feierabend mit mindestens 1000 Mark Gewinn nach Hause gehen würden. Aber die meisten Leute guckten nur muffig, manche waren zwar neugierig, gingen aber trotzdem weiter.

Was war denn so verkehrt an unseren Sandwiches? Sie sahen doch gut aus. Waren wir zu teuer? Wir versuchten es mit einem Preisnachlass, strichen die Preise durch und verlangten bloß noch die Hälfte. Aber es beeindruckte niemanden. Als es dunkel wurde und der Bahnhofsvorplatz sich zusehends leerte, war es Zeit, Bilanz zu ziehen. Wir schlossen die Tür, ließen uns im Licht der Gaslampe auf den abgewetzten Polstern nieder und betrachteten den riesigen Haufen geschmierter Brötchen, der sich vor uns auftürmte. 189 waren übrig geblieben. Und die elf, die fehlten, hatten wir nicht mal alle verkauft, wir hatten selbst zwischendurch davon gegessen. Mit den Getränken sah es auch nicht anders aus: Wir hatten ganze sechs Büchsen weniger als zur Eröffnung. Jedem, der jetzt noch vorbeikam, versuchten wir nun ein Brötchen zu schenken, doch selbst das lehnten die meisten ab. Wir mussten einsehen, dass wir offenbar nicht die nötige Kompetenz zum Brötchenverkauf mitbrachten. Am nächsten Tag bugsierten wir den Campingwagen zurück zu Kais Eltern, und damit war der Traum vom Imbissladen beerdigt. Der Traum vom großen Geld war aber noch lange nicht aus. Den sollte ich noch viele Jahre unbeirrbar weiterträumen.

«NEW YORK DANCE PARTY»

Egal, auf welchem merkwürdigen Karrierepfad ich auch gerade wandelte, das Tanzen verschwand nie aus meinem Leben, auch wenn es eine Zeit lang sehr schwierig wurde, es professionell zu betreiben. Denn mit der DDR-Modebranche ging es nach der Wende steil abwärts, und ich verdiente nichts mehr mit den Shows bei «Modeexpress». Die Betriebe machten zu, es gab keine Frauentagsfeiern mehr, keine Stadtfeste wie früher – unsere Auftraggeber verschwanden. Wie die meisten DDR-Firmen gingen auch die Bekleidungshersteller Pleite. Damit löste sich «Modeexpress» zwangsläufig auf.

Den einzigen Beruf, den ich wirklich beherrschte und mochte, konnte ich plötzlich nicht mehr ausüben. Ich hatte eine Zeit lang nicht mal mehr einen Ort, an dem ich trainieren konnte.

Es war alles nicht mehr so einfach wie früher. Der Schwung war raus, und an allen Ecken und Enden fehlten Aufträge. Auch für «Dance Collection» gab es immer weniger zu tun, sodass die Stimmung beim Training immer schlechter wurde. «Wozu trainieren wir hier eigentlich noch, wenn wir sowieso nicht mehr auftreten?», nölten sie. Und ich wusste, es musste schnell was passieren, bevor sich «Dance Collection» auch noch auflöste.

In meiner Ratlosigkeit fiel mir irgendwann ein Veranstaltungsmanager ein, den ich vor über einem Jahr kennen gelernt hatte. Es war zu Silvester 1988 gewesen, dem letzten Jahreswechsel der DDR. Wer hätte das damals gedacht?

Yves und ich waren an jenem Abend im «Café Moskau» aufgetreten. Irgendwann in dieser Nacht hatte mich ein Mann angesprochen: «Ich habe euch gesehen. Es gefällt mir, was ihr da gezeigt habt. Ich bin Veranstaltungsmanager, ruf mich an, wenn ihr Zeit habt.» Das war Ingo Geske gewesen.

Damals hatte ich dieses Angebot noch nicht zu schätzen gewusst, denn ich war rundum mit meiner Lage zufrieden gewesen und nicht auf der Suche nach Neuem.

Doch inzwischen hatte sich die Lage, wie gesagt, dramatisch geändert. Auch auf die Gefahr hin, dass er sich vielleicht nicht mehr an mich erinnern könnte, rief ich bei ihm an. Aber er wusste sofort, wer ich war, und lud mich zu einem Treffen ein.

Er hatte viele Ideen und half uns auf den richtigen Weg. Das war für ihn nicht weiter schwierig, denn Ingo kannte fast alle Discotheken-Betreiber in und um Berlin. Schnell hatte er uns ein paar Auftritte vermittelt. Meistens waren es nur kurze Einzelshows, drei, vier Minuten lang und in der Regel für drei Tänzer, Yves, John und mich beispielsweise. Aber bald wollten die Veranstalter längere Shows, und so entwickelten wir das Konzept der «New York Dance Partys».

Eine «New York Dance Party» lief üblicherweise folgendermaßen ab: Wie ein Ritual begann der Abend damit, dass Yves und ich mit unseren BMWs – jeder mit vier

Leuten aus der Tanzgruppe an Bord – vor der Disco vorführen. Natürlich niemals pünktlich zum Termin. Zur Einstimmung tanzten wir erst ein paar Minuten und heizten das Publikum an. Dann begann ich mit der Moderation. «Also Leute, passt auf, unsere Show hier heute läuft so ab: Ein paar von euch kommen zu uns auf die Bühne, und wir machen euch zu Profis. Wir zeigen euch, wie man richtig tanzt, ihr lernt eine Choreographie, und nachher könnt ihr dann den Angsthasen da unten vorführen, was ihr draufhabt. Das Publikum entscheidet, wer der Beste ist. Also strengt euch an. Los, Leute! Die Mutigen vor!»

Der Beste bekam einen Preis vom Veranstalter, das waren meistens Gutscheine der jeweiligen Discothek oder auch mal ein Walkman oder ein Videorecorder. Doch das Wichtigste war, dass der Sieger wirklich der Star des Abends wurde. Gewissermaßen waren wir mit unseren «New York Dance Partys» die Vorreiter von «Pop Stars», nur mit erheblich weniger Aufwand.

Wir haben damals alles allein gemacht. Wir waren Fahrer, Tänzer, Moderator, Coach und Techniker in einem. Und natürlich unsere eigenen Manager, denn am Ende haben wir auch selbst kassiert.

Die Idee der «New York Dance Partys» sprach sich wie ein Lauffeuer herum. Wir hatten eine Marktlücke entdeckt. Ingo Geske half uns, professioneller zu werden. Wir ließen Plakate für die «New York Dance Partys» drucken und planten unsere Touren besser.

Aber auch mit «Dance Collection» profitierten wir von Geske. Er organisierte unseren ersten Fototermin. Als Kulisse entschieden wir uns für die Ruinen in der Oranienburger Straße in Berlin-Mitte. Die Ruinen sind mittlerweile abgerissen, nur das Kunsthaus «Tacheles» steht noch. Wir posierten an diesem kultigen Ort in goldenen Jacken und träumten vom großen Showgeschäft.

Die Wirren der Umbruchszeit brachten nicht nur Probleme. Manchmal ergaben sich auch aus heiterem Himmel neue Möglichkeiten. Ich bekam die Gelegenheit, bei der «Company C» mitzumachen, einer Auskopplung des Studioballetts Berlin. Auch dort hatte sich vieles verändert: Das DDR-Fernsehen, der Hauptauftraggeber der «Company C», stand vor der Abwicklung, und die Gruppe musste sich neu orientieren. Sie musste jünger und moderner werden, sich neue Märkte erobern und ihr leicht angestaubtes Image ablegen. In dieser Phase der Neuausrichtung traf ich auf Marianne, die Chefin der «Company C». Sie brauchte mich nicht lange zum Mitmachen zu überreden.

In der letzten Zeit hatte ich das strenge Training, das bei «Modeexpress» auf der Tagesordnung stand, schmerzlich vermisst. Ich spürte keine Entwicklung mehr, das Gefühl, immer besser zu werden und immer mehr zu können, hatte sich verloren. Wenn ich mit «Dance Collection» tanzte, wurde ich den Eindruck nicht los, dass wir zu sehr im eigenen Saft schmorten. Bei der «Company C» hingegen war ich endlich wieder unter Profis.

Zeitweise hatten wir täglich Unterricht: Ballett, Jazz, Showdance. Ich machte wieder Fortschritte, wurde beweglicher und bekam eine Menge guter Impulse – nur die Ballettstange war und blieb mein Feind. Ich hasste es, mich daran zu verbiegen wie ein Schlangenmensch.

Die schmerzhaften Dehnübungen sind mir noch gut in

Erinnerung. Das sollte niemand vergessen, der darüber stöhnt, dass ich im Unterricht «zu viel» verlange: Ich weiß aus eigener Erfahrung, wie weh ein Rücken tun kann und wie sich blutige Zehen anfühlen. Aber ich habe durchgehalten.

Zumindest ein Jahr lang kämpfte ich unnachgiebig meinen Kampf mit der Ballettstange. Das Trainingspensum wurde immer intensiver, und irgendwann fehlte mir die Zeit, meine diversen lukrativen Karrieren voranzutreiben. Ich musste mich entscheiden: Geld oder Tanz. Schweren Herzens entschloss ich mich, bei Marianne zu kündigen. Doch ich bin ihr bis heute dankbar, dass sie mir bei «Company C» eine Chance gab.

Ich kann es nicht leugnen: Das Geld war wichtiger als alles andere. Wichtiger als Tanzen, als Freunde, als Jacqui. Ich war süchtig nach Status und Anerkennung. Im Grunde verdiente ich gar nicht so wenig als Finanzberater, aber ich war trotzdem permanent in Geldnot.

Ich bildete mir ein, dass ich als Finanzberater auf «dicke Hose» machen müsste, um neue Kunden zu gewinnen. Was soll ich sagen? Ich war Anfang 20 und wusste es nicht besser. Mittlerweile hatte ich meinen gesamten Freundeskreis für meine Dienste eingespannt, auch meinen Kinderheimfreund Andreas, der inzwischen bei der Stadtreinigung arbeitete. Durch ihn habe ich die halbe Müllfahrergilde als Kunden gewonnen.

Ich wurde Herr über ein kleines Finanzberater-Imperium und hatte diverse Freunde und Bekannte eingestellt. Mein Auto durfte nichts Geringeres als ein BMW sein, und der musste natürlich Ledersitze haben. Ich speiste nur noch in Restaurants – wie es sich für einen erfolgreichen Yuppie gehörte. Eine Einraumwohnung im «Plattenbau», wie man nun auf Westdeutsch sagte, fand ich nicht mehr angemessen. Ich brauchte schnellstmöglich eine neue Wohnung – Hauptsache, es war ein Altbau und in einer anderen Gegend.

Ich fand eine Zwei-Zimmer-Altbauwohnung in Friedrichshain. Die war völlig verwohnt, nur mit Badeofen ausgestattet und nicht besonders ansehnlich. Aber was kümmerte mich das? Das Renovieren habe ich großzügig delegiert. So verhielt sich doch ein echter Finanzberater, oder?

Ich organisierte dementsprechend alles in Chefmanier. Wenn ich es auch heute ziemlich peinlich finde, wie ich mich damals aufgeführt habe, irgendwie ist es doch erstaunlich, wie gut ich es verstand, mir die profanen und mühseligen Dinge vom Hals zu halten.

Meinen bordeauxroten Anzug habe ich keine Minute abgelegt. Wie ein viel beschäftigter Geschäftsmann bin ich in die neue Wohnung marschiert und habe die Arbeit verteilt. Und dann schuftete Jacqui mit meinen Freunden John und Yves. Ich habe alle paar Stunden mal mit der Aktentasche unter dem Arm vorbeigeschaut, ein paar Kommentare abgegeben, um dann zu erklären, dass ich leider wieder wegmüsse. «Ein Meeting, wisst ihr, sorry.»

Damals war ich noch weit davon entfernt, zu erkennen, wie lächerlich und arrogant die Nummer war, die ich da abzog. Ich ahnte überhaupt nicht, dass ich dabei war, meine Freundschaft zu John und Yves aufs Spiel zu setzen, und mir war nicht im Geringsten bewusst, was ich Jacqui zumutete.

Ich wollte unbedingt jemand anderes sein, etwas darstellen. Ich flüchtete hinter die Fassade alberner Statussymbole und bildete mir ein, auf diese Weise ein neuer Mensch zu werden. Einer ohne Vergangenheit.

«AUF ABWEGEN»

Doch nicht nur mich, auch Jacqui warfen die Veränderungen nach dem Mauerfall aus der Bahn. War für uns vorher alles klar strukturiert gewesen und die Welt leicht in schwarz und weiß einzuteilen, waren wir nun mit einer unendlichen Vielzahl an Möglichkeiten konfrontiert. An jeder Ecke lockte ein Angebot, winkte das schnelle Geld oder die weltbeste Anlagemöglichkeit. Wir waren wie Kinder, die nachts in einem Bonbonladen eingeschlossen worden waren. Wir wussten nicht, wo wir zuerst zugreifen sollten. Und dass uns später sicher übel werden würde von all der Nascherei, bedachten wir nicht.

Jacqui stolperte von einem Job in den nächsten und hoffte auf die große Chance. Sie arbeitete gerade als Verkäuferin in einer Boutique, als sie zum ersten Mal von der «Pyramide» hörte. Als sie eines Tages nach Hause kam, sprudelte sie über vor Neuigkeiten. «Eine Kollegin, weißt du, die hat mit einem Generalspiel irre viel Geld gewonnen. Sie hat in einen Topf 4000 Mark einbezahlt und am Ende 24 000 Mark herausbekommen. West-Mark, weißt du? Das geht nach so einem System, wo hinterher jeder gewinnt. Ist das nicht verrückt?», erzählte sie völlig aufgeregt.

Unglaublich, dachte ich mir. Dass so etwas nicht mit rechten Dingen zugehen kann, wusste ich durch meine

Finanzberatertätigkeit immerhin. «Schön für sie», sagte ich. «Aber wir lassen die Finger davon. Das hört sich nicht besonders vertrauenswürdig an. Außerdem haben wir überhaupt keine 4000 Mark.»

Ich dachte, damit sei das Thema erledigt, doch drei Tage später druckste Jacqui kurz vor dem Einschlafen plötzlich herum: «Ich muss dir was sagen.» – «Hm, was denn?», murmelte ich müde. «Ich habe unser Konto überzogen.»

Ich war auf einen Schlag hellwach. Das war doch bisher eigentlich immer mein Part gewesen, wunderte ich mich. Jacqui beichtete unter Tränen, dass sie sich nun doch an dem Spiel beteiligt hätte und von unserem Konto die 4000 Mark überwiesen hatte. Jacqui saß wie ein Häufchen Elend vor mir. Es tat ihr unendlich Leid, und ich musste sie tatsächlich noch trösten, obwohl ich mich lieber aufgeregt hätte. Wie sollten wir jetzt unser Geld wiederbekommen?

Wie man die Sache auch betrachtete, die einzige Lösung schien zu sein, wirklich einmal durch dieses Pyramidenspiel durchzukommen. Wir mussten also Leute finden, die ebenfalls 4000 Mark einzahlten, damit wir am Ende als Gewinner daraus hervorgehen konnten. Gleich am nächsten Morgen mobilisierte ich alle Leute, die mir einfielen, und lud sie zu einem Treffen in meine Wohnung ein. Mit meiner Finanzberatermethode redete ich mit Engelszungen auf sie ein, erklärte das Spiel. Jacquis Kollegin führte ich als gutes Beispiel an und hoffte, dass sich so viele Leute finden würden, dass nicht nur Jacqui und ich, sondern auch noch andere davon profitieren konnten.

Ich konnte wirklich genug Leute überreden. Die nächsten Wochen war ich zwar damit beschäftigt, dafür zu sorgen, dass sie auch tatsächlich überwiesen, aber wir kamen an der Spitze der Pyramide an und bekamen 24 000 Mark. Viel Geld.

Doch ich konnte gar nicht so schnell gucken, wie es mir zwischen den Fingern wieder zerrann.

Ich kaufte einen Golf. Und für Jacqui kaufte ich gleich einen mit. Damit waren schon 19 000 Mark zum Fenster rausgeflogen. Dass Jacqui gar keinen Führerschein hatte, schien mir kein Hindernis zu sein – ihr offenbar auch nicht, denn sie fuhr einfach ohne. Kein Wunder, dass sie schon bald eine Karambolage verursachte. Der Unfall war so teuer, dass für die entstandenen Rechnungen der Rest vom Pyramidenspiel hinten und vorne nicht reichte. Ich musste mein Auto wieder verkaufen und hatte am Ende trotzdem noch Schulden.

Das Drama nahm seinen Lauf.

Lange hielt ich es ohne Auto nicht aus, ich kaufte schon bald einen Opel Kadett. «Viel Platz in deinem Auto», bemerkte ein Typ aus dem «Corny Island» – ich verkehrte dort noch immer regelmäßig. Was wollte der denn von mir? «Ja, na und?», fragte ich skeptisch zurück. Er wich mir an diesem Abend nicht mehr von der Seite und erzählte mir was von einer «ganz einfachen Methode, an Geld zu kommen». Ich war es noch immer nicht leid. Ich fiel noch immer darauf rein. Dieser Satz klang einfach zu gut. «Du musst nur fahren», sagte er.

Ich dachte an unsere Schulden und willigte ein. Wir fuhren nach Frankfurt an der Oder, überquerten den Fluss und steuerten den Polenmarkt in Słubice an. Heute stand

Zigarettenschmuggel auf dem Programm. Das hatte ich noch nie gemacht.

Wir verglichen die Preise der verschiedenen Zigarettenmarken und kauften dann stangenweise diverse Sorten ein. Jede Nische im Auto, selbst die Verkleidung stopften wir mit den Zigaretten aus und fuhren wieder zurück nach Berlin. In einem Waldstück, irgendwo hinter der Grenze, hielten wir an und holten alles wieder aus den Verstecken. In Berlin angekommen, gingen wir zu einem Ausländerheim, wo uns Vietnamesen unsere Ware abkauften. Alles klappte reibungslos. Keiner hatte uns kontrolliert. Prima, dachte ich. Das war ja nicht schwer. Ich wollte mehr. Noch einmal und noch einmal machte ich die Tour: Berlin, Frankfurt, Słubice und zurück. Ich konnte nicht genug bekommen.

Doch beim vierten Mal war Schluss. Wir wurden erwischt. Jetzt hatten wir die Polizei auf dem Hals. Wir wurden getrennt verhört. Jeder Winkel des Autos wurde untersucht, sogar bei mir zu Hause gab es eine Hausdurchsuchung. Auf was hatte ich mich da eingelassen? Ich hätte mich ohrfeigen können für meine Blauäugigkeit. Wenn Jacquis Vater das herausbekam! Er war Polizist und für mich eine Art Vaterfigur. Ich wollte ihn auf keinen Fall enttäuschen. Aber glücklicherweise hat er es nie erfahren. Doch um die Strafe kam ich nicht herum: Die Zigaretten waren weg, ich bekam ein Bußgeld von 3500 Mark aufgebrummt und zusätzlich noch 1500 Mark Steuernachzahlung für die nicht verzollten Zigaretten. Was für eine Pleite! Eigentlich hatte ich meine Schulden doch abbauen wollen, und nun hatte ich mehr davon als vorher.

Ich hoffte, es mit meinem Finanzberaterjob wieder

reinholen zu können. Aber das war auch nicht mehr so einfach wie am Anfang. Ich brauchte dringend neue Kunden, denn mein Bekanntenkreis war inzwischen komplett mit Versicherungen eingedeckt. Eine neue Idee für die so genannte «Kaltakquise» musste her. Wie konnte ich Neukunden gewinnen?

Es war die Zeit, als die stark subventionierten billigen DDR-Mieten an das Westniveau angeglichen wurden. Die meisten waren natürlich erschrocken, als ihnen die Mieterhöhung ins Haus flatterte. Diese Situation kam mir sehr gelegen. Mit Freunden wie Yves oder Andreas zog ich nun durch die Straßen und klingelte an den Türen: «Guten Tag, wir kommen von der Umfrage ‹Mietfreies Wohnen›. Sicherlich wurde auch Ihre Miete erhöht. Was denken Sie denn dazu? Hat sich denn mit der Miete auch der Wohnungsstandard erhöht?»

Damit hatten wir schon mal ihr Interesse geweckt, und die meisten Leute schimpften dann gleich los wie die Rohrspatzen. Wir standen da in unseren Anzügen und nickten verständnisvoll. «Deshalb wollen wir mit Ihnen über Möglichkeiten sprechen, wie Sie mietfrei wohnen können. Würden Sie Ihre Miete nicht lieber in die eigenen vier Wände investieren? Wir hätten da ein paar Ideen für Sie. Natürlich nicht zwischen Tür und Angel. Vielleicht sollten wir einen Termin vereinbaren, wann passt es Ihnen denn?»

Wenn wir dann wie verabredet erschienen, erklärten wir den Leuten mit Schlagworten wie «Allfinanzunternehmen», «Fondsanlagen», «Lebensversicherung», «Haftpflicht», wie gut sie mit uns bedient waren. Es war gar nicht so schwierig. Ich war ein guter Verkäufer, der einen soliden und kompetenten Eindruck hinterließ. Dass die Allfinanzunternehmen sich als heiße Luft erwiesen, überraschte mich mindestens ebenso wie viele unserer Kunden. Ich hatte selbst daran geglaubt.

Selbst meine Schwester Evy, die sich sonst nicht so leicht blenden ließ, staunte. Jacqui und Evy mochten sich, und in den vergangenen Jahren hatten wir uns immer wieder mit ihr getroffen. Als ich in Anzug und mit meinen gestelzten Finanzberaterphrasen vor ihr stand, war Evy richtig stolz. «Mein Kleiner hat es geschafft», sagte sie bewundernd.

Ihre Situation dagegen war nicht gerade rosig. Der ehemalige VEB «Bergmann-Borsig», bei dem sie fast 15 Jahre beschäftigt gewesen war, hatte Tausende Mitarbeiter entlassen – auch sie. Aus einem der größten Schwermetallbetriebe war eine kleine Bude mit nur einem Bruchteil der früheren Mitarbeiterzahl geworden. Evy hatte für ihre jahrelange Zugehörigkeit zum VEB ein paar Tausend Mark Abfindung bekommen, aber keinen neuen Arbeitsplatz.

Als wir an einem Sonntag zusammensaßen, bat sie mich, ihr zu helfen, die Abfindung gut anzulegen. «Weißt du, ich brauche es wirklich dringend als Absicherung, jetzt, wo ich doch arbeitslos bin. Und ich habe so Angst, etwas falsch zu machen. Ich kenn mich ja nicht aus.» – «Kein Problem», tönte ich. «Ich kenne einen prima Pioneer-Fonds. In ein paar Jahren hast du zehnmal so viel – und ein Risiko gibt es nicht.» Sie gab mir die 7000 Mark. Ehrlich, in diesem Moment hatte ich ernsthaft vor, das Geld für meine Schwester anzulegen. Aber als ich es dann in der Hand hatte, kam mir der Gedanke, dass ich mir doch mal kurz etwas davon leihen könnte. Nur um ein Loch zu stopfen. Ich redete mir ein, dass ich es gerade dringend benötigte und dass ich es ja dann später noch für sie anlegen würde …

Aber schon nach kurzer Zeit war das Geld in meinem Luxuswahn versickert – und ich hatte für Evy keinen Pfennig angelegt. Sie ahnte nichts davon, sondern glaubte treu, dass ich ihr Geld wie versprochen vermehren würde.

«DAMEN-PROGRAMM»

Ich verlor den Boden unter den Füßen.

Bald lebte ich völlig über meine Verhältnisse. Ich jagte jedem Attribut nach, das ein Geschäftsmann meiner Meinung nach dringend brauchte. Als die ersten mobilen Telefongeräte aufkamen, konnte ich es kaum erwarten, auch eins zu haben. Riesige Apparate waren das. Aus heutiger Sicht ist es sehr umständlich, immer so einen unhandlichen Kasten mit sich herumzutragen. Aber als Finanzberater musste man erreichbar sein, redete ich mir ein. 5000 Mark kostete das Gerät. Das konnte ich mir nie und nimmer leisten. Ich nahm einen Kredit auf. Mein Schuldenberg wurde immer größer.

Ich war total verblendet. Der Gedanke, dass ich mit Anzug und Mobiltelefon meine Herkunft verbergen könnte, nahm mich komplett in Beschlag und machte mich blind für jede Vernunft. Ich setzte alles daran, meine Identität zu leugnen. Ich kapselte mich ab und verprellte jeden, der mir zu nah kam. Ich bin ein Krebs. Durch meinen harten Panzer konnte so leicht nichts dringen.

In dieser Zeit habe ich Jacqui durch meine rücksichtslose Art völlig vor den Kopf gestoßen. Immer öfter hatten wir nun Streit. Meistens waren es Lappalien, aber sie vergifteten unsere Beziehung zunehmend; und wenn ich ehrlich zu mir bin, weiß ich, ich vergiftete sie.

Oft ging es um meine gnadenlose Faulheit bei der Hausarbeit. Ich war sogar zu bequem, nach dem Baden den Stöpsel aus der Wanne zu ziehen. Doch statt auf ihre Vorwürfe zu hören, habe ich sie nur abgewehrt. Ich war entnervt, müde und hatte keine Lust, mir nach Feierabend noch lange Vorträge zum Thema Haushalt anzuhören. Die wenige freie Zeit, die mir neben der Arbeit und dem Tanzen noch blieb, verbrachte ich deshalb lieber mit anderen Leuten.

Ich genoss es, dass die Frauen mich gut fanden. Ich hatte nie Schwierigkeiten, ein Mädchen zu bekommen. Wenn mir eine gefiel, habe ich sie auf eine kleine Wochenendreise eingeladen, habe den «großen Max mit dickem Auto» markiert, während Jacqui ahnungslos zu Hause blieb. Aber mich von Jacqui zu trennen wäre mir nie in den Sinn gekommen. Ich suchte einfach nach Bestätigung.

Wenn ich versuchen wollte, mein Verhalten von damals zu beschönigen, würde das wohl ein schwieriges Unterfangen.

Ich hatte ein Standardprogramm für die Mädchen: Ich lud sie alle – natürlich einzeln – in die «Kleine Revue» in den Friedrichstadtpalast ein und anschließend zum Essen in das Restaurant nebenan. Immer die gleiche Masche, aber Herzblut steckte nie darin. Ich konsumierte, wie ich alles zu dieser Zeit konsumierte. Maßlos, emotionslos und berechnend.

Erst als ich Shirley traf, spielte ich das erste Mal mit dem Gedanken, mich von Jacqui zu trennen. Anders als bei den anderen Affären war ich in Shirley richtig verliebt. Sogar mein Damen-Programm erweiterte ich: Ich fuhr mit ihr nach Hamburg, und wir sahen uns «Das Phantom der

Oper» an. Die Nacht verbrachten wir in einem schicken Hotel.

Als wir Arm in Arm den Jungfernstieg entlangliefen, kam mir ein Mann entgegen, der das gleiche Mobiltelefon hatte wie ich. «Guck mal, der hat auch so ein Telefon», sagte ich zu Shirley. «Bei dem ist auch der Hörer lose, wie bei meinem.» Als wir zehn Minuten später zu meinem Auto zurückkamen, wusste ich, was passiert war. Die Scheibe war eingeschlagen, und es war tatsächlich mein Telefon, mit dem dieser fremde Mann unterwegs gewesen war!

Das viele Geld, dachte ich nur. Ich war völlig fassungslos und wusste gar nicht, was ich machen sollte. Mühsam erlangte ich die Fassung wieder und faselte Shirley verworren etwas von «Berufsrisiko – muss ich mir ein neues besorgen ...» vor. Sie sollte glauben, ich sei ein «Mann von Welt», für den Geld keine Rolle spielte und der in Nobel-Hotels ein und aus ging.

Es kann einem schon mal die Schamesröte ins Gesicht steigen, wenn man sich überlegt, was man alles so anstellt, um gut anzukommen. Allerdings bin ich sicher, dass in diesem Fall genau diese Tour Eindruck gemacht hat. Shirley war begeistert. Und ich war so verliebt, dass ich wahrscheinlich alles getan hätte.

Doch nach sieben gemeinsamen Jahren brachte ich es nicht so einfach fertig, mich von Jacqui zu trennen. Außerdem lebte tief in meinem Herzen das diffuse Gefühl, dass sie die Einzige war, die mich so liebte, wie ich wirklich war: als Detlef aus Ostberlin, den etwas großspurigen Tänzer, der alles anpackte und nie aufgab.

Davon war in jenen Tagen allerdings nicht viel zu sehen. Ich kam von Shirley nicht los und spielte lange Zeit ein doppeltes Spiel. Wenn ich mit Jacqui im «Corny Island» war, tat ich einfach so, als ob ich Shirley nicht kannte. Trotzdem hatte ich eine Riesenangst, dass Jacqui etwas merken könnte, sie war in letzter Zeit immer misstrauischer geworden. Frauen haben für so etwas meistens ein untrügliches Gespür.

Es gibt eine Episode, die, wenn ich sie erzähle, immer wieder für Erheiterung sorgt; mit Ruhm bekleckert habe ich mich dabei allerdings auch nicht: Ich hatte immer Panik, Jacqui aus Versehen mit falschem Namen anzusprechen. Das kann ja im Eifer des Gefechts jederzeit passieren, und ich fürchtete, dass mir eines Tages ein «Shirley» statt «Jacqui» rausrutschen könnte.

Die Lösung für mein Problem lief mir dann quasi vor die Füße, als ich von einer Tanztournee aus Portugal wiederkam. Unser Bus hielt vor dem Pionierhaus an der Parkaue, wo wir immer probten, und ich wollte mich gerade auf den Weg nach Hause machen, da lief mir plötzlich ein süßes kleines Kätzchen entgegen. Es miaute herzzerreißend. Ich konnte das kleine Knäuel, das offenbar niemandem gehörte, doch nicht einfach seinem Schicksal überlassen. Also nahm ich es mit. Jacqui war völlig hingerissen von meinem Mitbringsel. «Nein, wie süß!», schwärmte sie. «Wie sollen wir es denn nennen?» Und wie aus der Pistole geschossen, antwortete ich: «Shirley.»

Kann man noch berechnender sein?

Doch all meine Tricks waren zwecklos. Nur wenig später hatte Jacqui die Nase voll von unseren Streitereien und meinen Lügen. Sie zog aus.

Mit Jacqui war auch mein letzter Halt verschwunden. Hatte ich mich schon vorher am Rande des Abgrunds bewegt, raste ich jetzt ungebremst darauf zu. Es gab niemanden mehr, der mich auffing. Plötzlich bekam ich eine vage Vorstellung davon, wie wichtig Jacqui für mich gewesen war. Ich war ein Trottel gewesen, und sie war weg.

Seit Jacqui ausgezogen war, hielt ich es nicht mehr in meiner Wohnung aus. Ich konnte einfach nicht allein sein. Meine einzige Rettung war es, zu Shirley zu ziehen. Doch Shirley war anspruchsvoll. Ihre Liebe musste ich mir erst verdienen. Ich verwöhnte sie, wo ich nur konnte. Nie kam ich ohne eine kleine Überraschung für sie nach Hause – auch wenn es nur ein Kuscheltier oder Rosen von der Tankstelle waren. Sah sie in einem Versandhauskatalog einen schönen Pelzmantel, sagte ich gleich: «Willst du den haben? Ich kauf ihn dir, 700 Mark, das ist doch nichts.»

Eine Weile ließ sich diese Maske des generösen Liebhabers aufrechterhalten. Wenn ich mich an die Zeit mit Shirley erinnere, fallen mir auch zahlreiche schöne Momente ein. Wir haben viel gealbert, ich konnte sie immer zum Lachen bringen und war zu allem Unsinn bereit.

Einmal wettete sie, dass ich mich nicht traue, nackt über die Straße zu rennen. Selbstbewusst habe ich im Flur ihrer Wohnung meine Sachen, ausgezogen und bin losgelaufen. Raus auf den Flur, barfuß und sozusagen in paradiesischem Outfit. Kaum war ich aus der Haustür raus, schaute ich einmal schnell nach links und rechts und rannte über die Straße. Auf der gegenüberliegenden Seite habe ich angeschlagen, dann lief ich zurück. Shirley stand die ganze Zeit am Fenster und lachte sich kaputt über Detlef, diesen Verrückten.

Aber ich war unsicher, wie lange sie mir meine Rolle noch glauben würde. Was, wenn sie meine marode Wohnung sähe? Bisher hatte ich sie mit der Erklärung fern gehalten, dass ganz fürchterliche Bauarbeiten im Gange wären. Früher oder später würde sie aber doch dahinter kommen, oder? Meine Wohnung würde verraten, dass mein Reichtum nur vorgespielt war. Merkwürdigerweise sagte sie eines Tages: «Ich habe das Gefühl, dass du mir entgleitest.» Dieser Satz kam für mich völlig unvorbereitet und machte mir totale Angst. Wie kam sie auf diese Idee? Hatte ich einen Fehler gemacht? Irritiert und beunruhigt, was sie über mich dachte, habe ich heimlich ihr Tagebuch gelesen. Ich hatte nicht lange danach suchen müssen, es lag offen in ihrer Nachttischschublade.

«Ich bewundere Detlef. Er ist ein toller Mann, und ich bin so gerne mit ihm zusammen. Er ist aufmerksam und tut fast alles für mich …», schrieb sie. Ich wurde völlig panisch. In was hatte ich mich da hineinmanövriert? Dieses Schauspiel würde ich ja nicht ewig durchhalten können. Was, wenn sie mich nun verließe? Nicht auszudenken. Ich wollte mich nicht wieder verletzen lassen. Lieber würde ich sie verlassen.

Ohne lange zu überlegen, ging ich mit dem nächstbesten Mädchen, das mir über den Weg lief, ins Bett. Völlig mechanisch flirtete ich, machte sie an und schleppte sie ab. Es hat mir absolut nichts bedeutet, ich war wie ferngesteuert. Noch in der gleichen Nacht stand ich bei Shirley vor der Tür und habe ihr alles gebeichtet. Alles – als stünde ich unter Zwang. Sie weinte, ich weinte. Und ich zog mal wieder aus.

Kaum war ich draußen, rief sie mich auf meinem mobilen Telefon – natürlich hatte ich inzwischen ein neues – an und holte mich zurück. Wir versuchten, unsere Beziehung zu retten und diesen riesigen Scherbenhaufen wieder zu kitten. Aber Shirleys Bild von mir war zerstört. Sie sah mich plötzlich kritischer. Fast schon erleichtert, nicht immer weiter mein unnahbares Theater spielen zu müssen, gab ich mich nun nicht mehr so abgeklärt. Ich zeigte, dass ich verwundbar war. Damit war ich offenbar uninteressant geworden.

Denn als ich nur wenige Tage später im «Corny Island» war, passierte etwas Merkwürdiges. «Bist du nicht der Ex von Shirley?», fragte mich ein Typ, der neben mir am Pinkelbecken stand. «Ex? Wieso Ex?», fragte ich zurück. «Na, ich hab sie eben noch mit 'nem andern Typen knutschen sehen.»

Hatte ich etwas Entscheidendes verpasst? Ich ging schnellstens nach Hause, gleich in den Innenhof, um von hinten durch die Fenster in ihre Wohnung zu schauen.

Ich war ehrlich überrascht, als ich sie mit unserem gemeinsamen Freund Stefan im Bett liegen sah. Stefan! (Er war derjenige, der mir einst den Job als Finanzberater vermittelt hatte.) Der Verrat dieses Freundes hat mich in diesem Moment mehr verletzt als die Tatsache, dass meine Freundin mich betrog. Fassungslos stand ich am Fenster und brüllte vor Verzweiflung. Ich klopfte und klingelte. Meine ganze Wut schrie ich in die Welt.

Abgesehen davon, dass Stefan auch noch später in der Finanzberaterbranche immer wieder gegen mich intrigierte, erklärte ich ihn in diesem Moment zu meinem Todfeind. Daran hat sich bis heute nichts geändert.

Shirley war weg, und ich war wieder allein. Meine katastrophale Lebenslage ließ sich jetzt kaum noch verbergen. Nun saß ich wieder in meiner Wohnung, vor mir lagen stapelweise Rechnungen. Ich musste etwas unternehmen, um meinen totalen Absturz aufzuhalten.

Als Erstes meldete ich mein erstes Mobiltelefon als gestohlen. Ich war der Meinung, dass ich damit auch keine Raten mehr zu zahlen hätte, und kümmerte mich nicht weiter um Mahnungen und Drohungen. Wieso sollte ich für etwas zahlen, das ich gar nicht mehr hatte? Auf eine Anzeige wegen Unterschlagung musste ich nicht lange warten. Zur Verhandlung bin ich gar nicht erst hingegangen. Ignoriert. Parallel nahm ich für mein neues Telefon einen weiteren Kredit auf. Aber allmählich war ich bei allen Kreditinstituten einschlägig bekannt und konnte unter meinem Namen nichts mehr kaufen. Meine Schulden wuchsen. Und wenn der Wurm erst einmal drin ist, bekommt er auch Kinder …

Um so schnell wie möglich wieder Geld zu bekommen, arbeitete ich nachts in einer Zigarettenfabrik. Niemand wusste davon, es war mir peinlich, dass ich am Fließband stehen musste, während mich doch alle für einen erfolgreichen Finanzberater hielten. Aber ich hatte keine Wahl, die Rechnungen nahmen überhand.

Inzwischen hatte ich außerdem ein ganzes Register von Strafzetteln wegen Falschparkens und Geschwindigkeitsüberschreitung. Ich wurde angezählt, weil ich bestimmte Felgen oder Rücklichter an meinem Auto nicht angemeldet hatte. Das musste einem erst mal einer sagen! Ich hatte das Auto schließlich so gekauft. Wieder reingefallen. Irgendwann war mein Punkteregister in Flensburg voll, und mir wurde der Führerschein entzogen.

Ich geriet von einem Unglück ins nächste. Ein Finanzberater ohne Auto? Das ging natürlich nicht! Was blieb mir anderes übrig, als auch dieses Schreiben zu ignorieren, wie auch schon all die anderen Briefe und Rechnungen, die ich ungelesen weggelegt hatte.

Meine Wohnung bekam etwas Bedrohliches für mich. Kaum hatte ich sie betreten, erwartete mich nichts als Ärger, Stille und Einsamkeit. Nur zum Wäschewechseln tauchte ich dort noch auf. Ansonsten war ich immer unterwegs. Auf der Flucht vor mir selbst. Eine traurige Bilanz: Heimkind. Neger. Tänzer. Versager. Das wollte ich auf keinen Fall sein. So wollte ich nicht leben.

Ich suchte einen neuen Halt. Bloß nicht allein sein. In meinem ganzen Leben habe ich, zusammengerechnet, noch keine sechs Monate allein gelebt. Vielleicht geht es einfach nicht ohne Frauen?

Ich weiß nicht mehr, mit wem ich es alles versuchte: Janine, Britta, Kristin, Doreen… und dann war da noch Tiffi.

Tiffi stand im «Corny Island» hinter der Bar. Sie war ein bisschen älter als ich und konnte geschickt mit Männern umgehen. Kein Wunder, sie hatte früher als Hure gearbeitet. Sie strahlte eine eigentümliche Mischung aus

Strenge, Wärme und Erotik aus. Das gefiel mir. Bei ihr musste ich mich nie verstellen – sie akzeptierte mich einfach so, wie ich war. Immer öfter übernachtete ich bei ihr.

An einem Sonntagmorgen klopfte es bei Tiffi an der Tür. Schlaftrunken ging ich nachschauen und erkannte durch den Spion meine Schwester Evy. Schlagartig fiel mir die Sache mit ihrem Geld wieder ein. Das hatte ich vollkommen verdrängt und irgendwie gehofft, sie würde nicht mehr danach fragen. Aber es war natürlich völlig abwegig, zu glauben, dass sie eine solche Summe einfach vergessen könnte.

Vielleicht wäre sie vor allem gar nicht auf die Idee gekommen, sich um ihr Geld zu sorgen. Aber ich hatte mit einer weiteren Kamikazenummer den Bogen überspannt und ihr Misstrauen geweckt: Als ich wegen Zahlungsunfähigkeit bei allen Telefongesellschaften gesperrt war, aber keinesfalls auf das Statussymbol «Mobiltelefon» verzichten wollte, hatte ich es einfach auf ihren Namen angemeldet.

Wie immer hatte ich an die Folgen keinen Gedanken verschwendet. Bei Evy war eine Rechnung nach der anderen ins Haus geflattert. Die Arme wusste gar nicht, wie ihr geschah, als sie plötzlich horrende Summen für ein Telefon bezahlen sollte, von dem sie nichts wusste. Schon seit Wochen hatte sie versucht, mich ausfindig zu machen, und nur mit Mühe Tiffis Adresse herausgefunden.

Es war offenbar dringend. Sie klingelte und klopfte weiter, während ich mich wieder ins Bett verkroch. Was sollte ich ihr auch sagen? «Tut mir Leid, ich hab's verprasst, meine Ex wollte einen Pelzmantel?»

Ich schämte mich unendlich, dass ich den einzigen

Menschen, der mir von meiner Familie geblieben war, betrogen hatte. Wie hatte ich Evy das antun können? Meiner eigenen Schwester. Und vor allem wusste ich doch genau, wie sehr sie auf das Geld angewiesen war!

In meinem Kopf überschlug sich alles. «Wer ist denn da an der Tür?», fragte Tiffi müde. «Meine Schwester», gab ich gereizt zur Antwort. Tiffi war ziemlich verwundert, denn ich hatte ihr nie was von Evy erzählt. Warum auch? Meine Vergangenheit ging keine Frau der Welt was an. Ob ich nun mit ihr schlief oder nicht.

Zwischendurch wurde es draußen wieder ruhig, und ich dachte, Evy sei gegangen, doch dann ging das Geklingel wieder los. Evy wusste genau, dass ich da war, und sie würde so lange keine Ruhe geben, bis ich sie hereinließ.

Es gab keinen Ausweg, ich musste mit ihr reden. Nach dem Motto ‹Angriff ist die beste Verteidigung› öffnete ich die Tür mit den Worten: «Wieso klingelst du so lange? Merkst du nicht, dass du störst?» Als sie ebenso lautstark ihre berechtigten Vorwürfe vortrug, konterte ich nur lahm: «Denkst du, dass ich das Geld nicht brauche?»

Eiskalt habe ich mein schlechtes Gewissen überspielt und meine Schwester abserviert. Ich ahnte schwach, was ich aufs Spiel setzte, aber es gab kein Zurück mehr. Ich hatte noch nicht einmal die Größe, ihr zu versprechen, dass sie ihr Geld irgendwann einmal zurückbekommen würde. Die Tür fiel ins Schloss, und ich dachte: Jetzt hast du niemanden mehr.

«AUF DIE SPITZE»

Ich hatte noch nicht genug Tiefschläge eingesteckt. Das Chaos war noch nicht groß genug. Es waren noch nicht ausreichend Verletzungen passiert. Blind stürzte ich mich von einem Abenteuer ins nächste. Ich sammelte Mädchen ein, wie andere Leute Laub zusammenfegen.

Das wusste auch John. Als wir beide in der Discothek im Strandbad Rahnsdorf waren, tippte er mich an und deutete stumm auf eine Blondine. Mehr brauchte er nicht zu tun, er kannte meinen Geschmack. Sie war weit und breit das süßeste Mädchen von allen. Am Ende des Abends hatte ich sie ununterbrochen angesehen, aber noch kein einziges Wort mit ihr gewechselt.

Es war keine Kunst, ihren Namen und ihre Nummer herauszufinden, und obwohl ich bei Tiffi wohnte, rief ich gleich am nächsten Tag bei Heike an. «Ich brauche einen Rat, den nur du mir geben kannst», eröffnete ich das Gespräch. «Ich möchte mit dem hübschesten Mädchen weit und breit ins Kino gehen, aber sie weiß noch nichts davon. Kannst du mir sagen, wie ich sie am besten überrede?» Heike lachte. «Ist doch leicht. Ruf sie an und frag, ob sie Zeit und Lust hat.» – «Vielen Dank, du hast mir sehr geholfen», sagte ich kurz und legte auf. Zwei Minuten vergingen, die ich aber dringend brauchte, um noch einmal tief durchzuatmen. Obwohl ich doch nun wirklich ausreichend Routine mit der Damenwelt hatte, war ich eigenartigerweise aufgeregt. Dann rief ich wieder bei ihr an. «Hier ist Detlef. Sag mal, hast du Zeit und Lust ...» Sie kicherte und verabredete sich mit mir.

Heike hatte den Ruf, verschlossen zu sein, doch als wir schließlich in einem Café saßen, sprach sie ohne Punkt und Komma. Ohne große Begeisterung fügte ich mich in die Rolle des geduldigen Zuhörers und nickte gelegentlich, als sie plötzlich sagte: «Also, wenn ich dich langweile, kann ich mich auch an einen anderen Tisch setzen.» Ich war völlig perplex, aber danach verstanden wir uns blendend.

Und ich steuerte mit Vollgas weiter ins totale Chaos. Ich gönnte mir keine Atempause, ließ keine Gelegenheit aus, noch mehr Frauen kennen zu lernen. Tiffi warf mich raus, und schon eine Woche später hatte ich außer mit Heike, die der Anlass für Tiffis Empörung gewesen war, noch mit zwei anderen angebändelt. Alles Mädchen, die auch ins «Corny Island» gingen, also höchst riskant. Aber ich trieb die Situation fast mit Gewalt auf die Spitze. Legte ich es drauf an, erwischt zu werden?

Natürlich ging das alles nicht an Heike vorbei. Sie zögerte nicht lange und stellte mich zur Rede. Ich versuchte gar nicht erst, mich rauszureden. Für mich war klar: Diese Kiste hatte ich schon in den Sand gesetzt, bevor sie überhaupt begonnen hatte. Doch als ich mich zum Gehen wandte, sagte Heike nur lakonisch: «So einfach kommst du mir nicht davon.»

Das war die überraschende Kehrtwende in eine siebenjährige Beziehung.

Doch nur weil mein Mädchenmarathon vorübergehend beendet war, hatten sich all die Rechnungen in meinem Briefkasten noch längst nicht verflüchtigt. Ich machte einen großen Bogen um meine Wohnung. Was sollte ich auch dort, wo der Strom schon lange abgeschaltet war und die Heizung nicht mehr funktionierte? Ab und an zog ich willkürlich einen Brief aus dem Stapel und zahlte zur Abwechslung mal eine Rechnung. Aber das waren immer nur Tropfen auf den heißen Stein. Über die Pfändungstermine und Vollstreckungsbefehle hatte ich längst den Überblick verloren.

Es traf mich deshalb völlig unvorbereitet, als mich eines Morgens um sieben Uhr Polizisten aus dem Schlaf rissen und mich bestimmt, aber doch irgendwie freundlich darauf hinwiesen, dass ich mit ihnen mitkommen musste, weil sie einen vollziehbaren Haftbefehl gegen mich vorliegen hätten. Dem konnte ich nichts entgegensetzen. Ich verabschiedete mich von Heike mit den Worten: «Ruf Franka an und leih dir Geld.» Dann verließ ich die Wohnung.

In einem Sammelwagen, in dem schon ein paar andere Kriminelle saßen, wurde ich ins Gefängnis Moabit gebracht. Ich kam mir vor wie ein Schwerverbrecher. In Moabit blieb ich nur ein paar Stunden, dann ging es weiter in die Justizvollzugsanstalt Plötzensee.

Ich konnte es nicht glauben, dass ich hier gelandet war. Heimkind. Neger. Tänzer. Versager. Knacki. Meine Liste wurde immer länger und nicht gerade rühmlicher.

Ich bekam Gefängniskleidung, Bettwäsche und Besteck. Man gestattete mir ein einziges Telefonat. Ich hoffte inständig, dass Heike drangehen würde, ansonsten hätte ich mir keinen Rat gewusst. Glücklicherweise hob sie sofort ab. «Ich bin im Knast in Plötzensee. Mann, du musst so schnell wie möglich 2700 Mark auftreiben und mich hier rausholen.»

Mehr konnte ich nicht sagen. Den Rest des Nachmittags verbrachte ich in bangem Warten und Hoffen. Aber auf Heike war Verlass. Von Franka, einer Freundin, lieh sie sich das Geld und kaufte mich frei. Ich war unendlich erleichtert, dass ich die Nacht nicht mit der grauen Decke auf der Gefängnispritsche verbringen musste. Ich war noch einmal mit einem blauen Auge davongekommen.

Wieder zu Hause angelangt, betrachtete ich mir den Wust aus Rechnungen. Dabei ging mir auf, dass ich noch nicht ein einziges Mal Miete für diese Wohnung gezahlt hatte. Als ich vor ein paar Jahren eingezogen war, war die DDR-Wohnungsbaugesellschaft gerade in Auflösung begriffen gewesen, und ich war irgendwie durch die Maschen im System gefallen.

In Gedanken überschlug ich die Summe, die ich nachzahlen müsste, falls es mal irgendjemandem auffallen würde, dass es mich gab. Und irgendwann würde es jemandem auffallen, davon ging ich aus. Mir wurde schwindlig. Keine Minute länger konnte ich hier bleiben. Ich war inzwischen gewarnt. Noch mehr Schulden oder am Ende gar ins Gefängnis? Das wollte ich wirklich nicht. Ich musste sofort umziehen.

Es war nicht weiter schwierig, eine Wohnung zu organisieren. Ich kannte genug Leute. Ich zögerte nicht eine Minute länger und packte nur das Allernötigste ein.

Mit all den ungeöffneten Rechnungen und allerlei Gerümpel ließ ich aber auch fast alles, was ich sonst noch besaß, zurück. Auf dem Dachboden lagen all meine Fotos und Zeugnisse. Deshalb habe ich heute kaum noch Fotos aus meiner Kindheit und Jugend. Erst später habe ich mir von anderen, die Fotos von mir besaßen, mühsam und vereinzelt wieder welche zusammengesammelt. Auch all meine Briefe und andere persönliche Erinnerungen habe ich bei meinem überstürzten Auszug in dieser Wohnung gelassen. Vermutlich sind all die Relikte aus meinem früheren Leben in einem Müllcontainer gelandet und zerschreddert worden. In wollte alles hinter mir lassen und, ohne mich noch einmal umzudrehen, ein neues Leben in einer neuen Wohnung in einer für mich neuen Gegend beginnen.

«KEIN ENDE IN SICHT»

Heike zog mit mir gemeinsam in die neue Wohnung in Neukölln, und ich hoffte, nun würde wieder Ruhe in mein Leben einkehren. Doch in der ersten Zeit zankten wir uns nur. Es war grauenhaft. Wir waren beide absolute Sturköpfe. Keiner wollte nachgeben, und bestimmt hundert Mal habe ich sie vor die Tür gesetzt, um sie dann mit großem Pathos wieder zurückzuholen. Noch heute habe ich eine Narbe auf dem Rücken, die von dieser exzentrischen Zeit zeugt.

Einer unserer Streitpunkte war, dass ich die Wochenenden meistens mit John verbrachte. Aus heutiger Sicht muss ich ja zugeben, dass ich es wahrscheinlich übertrieb, denn ich bin oft erst nach zwei Tagen wieder zu Hause aufgetaucht. Aber auf die Zeit mit meinen Freunden wollte ich nicht verzichten, auch nicht für eine Frau. «John hier, John da», sagte sie immer. Sie verstand einfach nicht, dass mich mit John eine langjährige Freundschaft verband – und obendrein auch meine erste und einzige Anzeige wegen Körperverletzung.

Nichts rechtfertigt, einen anderen Menschen zu schlagen. Auch nicht, wenn man lautstark diskriminiert wird, das weiß ich heute. Aber damals sah ich mich das erste Mal massiv provoziert und erniedrigt und verlor die Kontrolle.

Wir waren zu einer unserer Tanzveranstaltungen auf dem Lande unterwegs. An der Raststätte Köckern hielten wir, um zu tanken. In jugendlichem Übermut schmiss ich das Papier von einem Schokoriegel aus dem Fenster. Der Tankwart sah es und schmiss es wieder zurück. Zu zweit fühlten wir uns stark, also warf ich es wieder raus. So ging das ein paar Mal hin und her, bis der Tankwart plötzlich platzte: «Ihr Scheiß-Presskohlen versaut hier unsere Landschaft. Geht doch zurück, wo ihr hergekommen seid, ihr Hurensöhne.»

Jetzt hatte er eine Grenze überschritten. Ohne dass wir uns abgesprochen hätten, sprangen wir beide gleichzeitig aus dem Auto und stürzten auf den Mann los. John langte einmal zu, sodass der Tankwart schon auf der Erde lag, als ich ankam. Ich tat es nicht, aber ich hätte zugeschlagen, wenn er nicht schon in die Knie gegangen wäre. Erschrocken, aber mit dem Gefühl, dass er sich dies selbst zuzuschreiben hatte, stiegen wir wieder ins Auto und fuhren mit quietschenden Reifen ab. Kaum waren wir wieder auf der Autobahn, als plötzlich die Polizei hinter uns war.

Wir wurden verhaftet. In der Vernehmung haben wir von der rassistischen Provokation des Tankwartes erzählt, aber das interessierte niemanden. Wir wurden beide zu jeweils 1500 Mark Strafe verurteilt, denn natürlich ließ ich die Aktion nicht an John hängen. Eine der vielen nicht bezahlten Rechnungen. Die Misere nahm kein Ende.

Händeringend suchte ich nach Möglichkeiten, zu Geld zu kommen, und versuchte mich noch einmal in einem neuen Berufszweig. Ich hatte den Tipp bekommen, dass man mit «Multi Level Marketing» gut verdienen könnte.

Wieder ging ich zu Schulungen, um zu lernen, wie man verkauft. Ich übte, mit kritischen Fragen umzugehen und immer eine Antwort parat zu haben.

Auch wenn es lächerlich klingt, aber ich habe durch das «Multi Level Marketing» eine Menge über Rhetorik gelernt. Einmal pro Woche hielten wir eine Informationsveranstaltung ab, in der jeder mit einer Powerpoint-Präsentation unterschiedliche Produkte vorstellte und ihre Vorzüge anpries. Ich weiß noch wie heute, wie aufgeregt ich war, als ich zeigen sollte, was ich gelernt hatte. Aber ich hatte fleißig geübt und war gut auf den Verkauf von Wasserfiltern und Vitaminprodukten vorbereitet. Ich begann zu reden, und es verging nicht viel Zeit, bis ich mich das erste Mal verhaspelte. Der Chef rollte entnervt mit den Augen und wandte sich ab. Typisch, der Soost kriegt nichts auf die Reihe, schien er zu denken.

Dem würde ich's zeigen! Dieses Verhalten provozierte mich derart, dass ich von diesem Tag an alles, was mir an Motivationsbüchern in die Hände fiel, regelrecht verschlungen habe. Ich trainierte meine Körperhaltung und meine Gestik und kann heute reden, bis mir die Zunge austrocknet. Das, was ich damals gelernt habe, ist mir bei meiner heutigen Arbeit als Moderator oder Coach eine große Hilfe. Als Verkäufer lernte ich die Grundlagen dafür.

Kurzfristig war ich immer wieder guter Dinge. Es gab Tage, da war ich mir sicher: Bald würde ich wieder alles im Griff haben. Diesmal würde ich es schaffen, aus dem Teufelskreis der ewigen Verschuldung auszubrechen. Es gab sogar einen Monat, da verdiente ich 10 000 Mark, aber mein aufwändiger Lebensstil verschlang alles. Keinen

Pfennig habe ich für die Tilgung meiner Schulden verwendet.

Ein Ende meiner finanziellen Achterbahnfahrt war noch längst nicht in Sicht.

«LICHTBLICKE»

Die Liste meiner unheilvollen Aktionen ließe sich ewig fortsetzen. Fahren ohne Führerschein, Prügeleien, eine Verurteilung zu 36 Monaten auf Bewährung. Zu allem Überfluss war mir auch noch die Bundeswehr auf den Fersen und wollte mich unbedingt endlich als Soldat sehen. Und immer wieder gelang es mir, mich zu drücken und aus dem Gröbsten herauszulavieren. Ich war ein Stehaufmännchen. Ich gab nicht auf. Auch wenn es manchmal wirklich aussichtslos schien, der Gedanke, alles hinzuschmeißen, ist mir nie gekommen.

Einziger Lichtblick in dieser Zeit war, wie schon immer, das Tanzen. Auch wenn es in meinem Leben drunter und drüber ging, sich die Schulden türmten und ich als Vertreter durch die Lande zog. Niemals habe ich aufgehört zu tanzen.

Mit der «Dance Collection» gründeten wir sogar eine eigene «Junior Company». In unseren neuen Trainingsräumen in Prenzlauer Berg trainierten Yves oder ich interessierte Jugendliche, meistens Mädchen. Andere zu trainieren machte mir viel Spaß. So allmählich begann ich, gelegentlich die Seiten zu wechseln. Von nun an arbeitete ich öfter in unterschiedlichen Tanzstudios auch als Trainer.

Mitte der neunziger Jahre liefen unsere «New York Dance Partys» immer noch gut. Dafür, dass wir nun schon ein paar Jahre damit tingelten, konnten wir sehr zufrieden sein. Trotzdem bastelten wir an einem neuen Konzept. Und wieder brachte uns der Zufall weiter. Janine, die Freundin von John, kannte einen türkischen Lederfabrikanten, der Leute für eine Modenschau suchte. Da waren wir doch genau die richtigen! Er hatte einen Laden in einem riesigen Einkaufscenter im Speckgürtel von Berlin und wollte eine Werbeaktion starten. Wir bereiteten uns akribisch vor und planten eine Show mit vielen Effekten. Sogar eine Nebelmaschine brachten wir mit. Das war das erste Mal, dass es im Osten in einem Einkaufscenter eine getanzte Modenschau gab. Der Centerleiter war richtig stolz. Das Publikum war begeistert, und die Leute kamen in Scharen. «Wir hätten so was gern öfter, vielleicht einmal im Monat», eröffnete uns der Centerleiter. Wunderbar, wir auch!

Bald wollten uns auch andere Einkaufszentren verpflichten. So nach und nach hatten wir jeden Samstag einen Auftritt, bis nach Rostock kannten wir bald jedes Einkaufszentrum – und die waren nach dem Mauerfall ja wie Pilze aus dem Boden geschossen. Wir verdienten gut, denn es fielen kaum Kosten an. An Personal hatten wir unsere sechs Tänzer und einen Moderator, und da ich zudem noch selbst der Manager war, gab es keinerlei Verwaltungskosten. Die Kostüme bekamen wir von den Geschäften, für die wir tanzten. Vorab schickte ich eine Liste mit den Konfektionsgrößen.

Ich machte Ablaufpläne, legte die Musik fest, und fertig war eine mindestens einstündige Show. Die Begeisterung war groß, denn diese Art von getanzten Shows war etwas Besonderes. Alle waren zufrieden: unsere Auftraggeber, die Tänzer und ich als Manager und Tänzer in einer Person. Obwohl wir gut verdienten, blieb immer noch ausreichend übrig, sodass ich zur Abwechslung auch mal einen Akrobaten oder Feuerschlucker in die Show integrieren konnte. Auf keinen Fall sollte Stillstand oder Langeweile entstehen.

Ständig machte ich mir Gedanken, wie ich unsere Modenschauen erweitern könnte. Das Zusammenspiel von Licht, mit Effekten, Musik, Tanz und vielfältigen Kostümen inspirierte mich. Ich wollte immer mehr ausprobieren und träumte von großen Bühnen. Oft ging ich in Musicals und in Revuen, um mir anzusehen, wie andere arbeiteten.

Als ich «Festival der Stars» gesehen hatte, wusste ich sofort: Das ist es. Wir machen eine mobile Double-Show! Wieder war eine neue Geschäftsidee geboren. Endlich konnte ich auch Heike, die keine Tänzerin war, aber lange Zeit als Model arbeitete – immerhin war sie mal Miss Berlin –, in meine Shows einbeziehen. Zu dieser Show brauchten wir nichts weiter als Doubles und Tänzer. Die Tänzer kamen von «Dance Collection», und die Doppelgänger bildeten wir selber aus. In unserem Programm traten unter anderem Doubles von Michael Jackson, Janet Jackson, Tina Turner, Whitney Houston, Madonna oder Marilyn Monroe auf. Die Tänzer tanzten dazu die Choreographien aus den bekannten Videos.

Mit der Zeit hatte ich mir eine Kartei aufgebaut mit Adressen von Models, Tänzern, Akrobaten oder Veranstaltungstechnikern. Es war nur noch eine Sache der

Organisation. Bald konnten wir uns vor Auftrittsmöglichkeiten gar nicht mehr retten. Der Laden brummte. Auch Ingo Geske hatte mich nicht aus dem Blick verloren und vermittelte uns häufig. Ihm gefiel, was ich machte. Er glaubte an mein Talent.

Der Zeitpunkt war gekommen, an dem ich eine Entscheidung treffen musste. Ich konnte mich nicht länger zwischen meinen Jobs als Finanzberater oder Verkäufer und meiner künstlerischen Arbeit zerreißen. Ich wollte nur noch in der Branche arbeiten, zu der es mich mit aller Kraft hinzog. Ich wollte ins Showgeschäft, alles andere hängte ich an den Nagel.

Wer denkt, jetzt seien alle Probleme gelöst gewesen, irrt. So etwas passiert dann doch nur im Märchen. Ich hatte mich zwar entschieden, aber auch in der Künstlerbranche gab es krumme Hunde und unwiderstehliche Verlockungen.

Ich bekam das Angebot, bei einer Künstleragentur anzufangen. Ein eigenes Büro sollte ich eröffnen. Sie boten mir nicht nur ein gutes Gehalt, sondern auch ein Cabrio. Und schon war es wieder passiert. Bei Autos war ich immer schon schwach geworden.

Bald saß ich in einem Büro unweit des Kaiserdamms und fühlte mich mal wieder, als hätte ich es geschafft. Ich sah mich um und grübelte darüber nach, was in so ein Büro gehört, damit es seriös und vertrauenswürdig wirkt. Irgendwann kam mir dann die Idee mit dem 30-bändigen Lexikon. Freddy, ein Kumpel von mir, versorgte den Osten der Republik mit Lexika und bequatschte auch mich regelmäßig – so wie es unter Vertretern üblich ist, da war ich ja selbst nicht besser. Ich orderte also mehrere Meter Lexikon, die farblich bestens mit meinem bordeauxroten Anzug harmonierten. Dass damit meine Schulden um 6000 Mark anstiegen, hielt ich für nebensächlich. Der Schein war mir wichtiger.

Meine Kollegen von der «Dance Collection» betrachteten meinen Job bei der Künstleragentur mit Argwohn. Ich selbst war durch das Büro und das Cabrio viel zu sehr geblendet, als dass ich durchschaut hätte, dass dieser Agentur nicht über den Weg zu trauen war. Die Quittung für meine Naivität ließ nicht lange auf sich warten. Kurz nach meinem Einstieg meldete die Künstleragentur Konkurs an. Zur Konkursmasse – wahrscheinlich war es das einzig Verwertbare darin – zählte mein nagelneues 30-bändiges Lexikon. Der Job war weg, die Schulden blieben.

Meine Gläubiger hatten unterdessen meine neue Adresse ausfindig gemacht. Mittlerweile war auch hier der Briefkasten mit Rechnungen überfüllt. Täglich flatterten Briefe ins Haus, deren Wortlaut ich schon auswendig kannte: «... Haftbefehl – um unnötiges Aufsehen zu vermeiden, bitten wir Sie, zu erscheinen – ansonsten Verhaftung zu einer Ihnen nicht genehmen Zeit – Einlieferung in die Justizvollzugsanstalt...»

Ich kannte die Formulierungen von der «unbeweglichen und beweglichen Habe», die konfisziert werden sollte. Fast nur alte Geschichten aus einer längst vergangenen Zeit. Noch nicht einmal Shirleys Mantel war bezahlt. Zu den einstmals 700 Mark summierten sich jetzt noch Mahnkosten, Gerichtskosten und Zinsen. Das Finanzamt monierte uralte Steuererklärungen und forderte nicht nur, dass ich meine Steuern zahlen sollte, sondern auch eine Verspätungszulage. Sämtliche Telefongesellschaften, die es in Deutschland gab, forderten Unsummen von mir. Diverse Banken klagten gegen mich, mir wurden sowohl Schecks als auch Kreditkarten entzogen. Ich vermute, dass mein Name bei jedem nur denkbaren Inkassounternehmen bekannt war.

Der Umfang der Katastrophe überstieg mein Vorstellungsvermögen. Und das war doch das einzige Vermögen, das ich hatte.

Immerhin verschloss ich nicht länger die Augen vor der wachsenden Bedrohung. All die Briefe, die mir täglich ins Haus flatterten, öffnete ich nun tapfer. Ich träumte nachts von Begriffen wie «Durchsuchungsbeschluss» – «Erzwingungshaft» – «Pfändungsmaßnahme» – «Geldbuße» – «Vollstreckungskosten». Wie sollte ich da jemals wieder rauskommen? Ich hatte mir zwar fest vorgenommen, das Problem anzupacken, aber was ich auch tat, es war ein Fass ohne Boden.

Eines Morgens wachte ich auf und fühlte an meinem Hals ein merkwürdiges Geschwür. Ich wusste: Jetzt ist es aus. Ich habe Krebs. Völlig hysterisch rannte ich zum Spiegel, um mir die Geschwulst anzusehen. Heike versuchte mich zu beruhigen, aber ich war davon überzeugt, dass meine letzte Stunde geschlagen hatte.

Doch kampflos sterben wollte ich dann auch wieder nicht, und so entschloss ich mich, vorher noch zum Arzt zu gehen. Bei all den Schulden war ich natürlich auch längst nicht mehr krankenversichert. Aber egal, es war ein Notfall.

Ich fuhr ins Krankenhaus nach Kaulsdorf und wurde

behandelt. Der Arzt schaute nur kurz auf meinen Hals, drückte ein wenig daran herum und meinte gelassen: «Das ist nur Dreck. Da müssen Sie sich schon was anderes einfallen lassen, wenn Sie sterben wollen.» Es war eine lächerliche Zyste, in der sich überflüssiges Körpermaterial angesammelt hatte, kein Krebs. Ich war erleichtert – und hatte eine weitere unbezahlte Rechnung, die sich in absehbarer Zeit vervielfachen würde. Wegen meiner «säumigen Zahlweise» würden vermutlich auch noch diverse Gerichte daran verdienen. Es war schrecklich. Wirklich.

Das Paradoxe war, dass ich mit meinen Double-Shows und Modenschauen gut im Geschäft war. Heike und ich hatten uns zusammengerauft und wollten uns sogar verloben. Doch solange mir meine Vergangenheit auf den Fersen war, würde ich nie auf einen grünen Zweig kommen.

Ingo Geske hatte das Drama schon eine Weile mit angesehen. Er war derjenige, der mir schließlich aus der Patsche half. Er bot mir an, seine Veranstaltungsfirma namens XXL-events zu übernehmen. Ingo hatte meine Arbeit in diesem Metier seit Jahren beobachtet und wusste, dass ich mir mittlerweile ein funktionierendes Netzwerk aufgebaut hatte. Er schenkte mir sein Vertrauen, und ich konnte auf einem Gebiet arbeiten, auf dem ich wirklich kompetent war. Dieses Vertrauen tat mir unendlich gut. Das erste Mal seit Jahren spürte ich, dass ich tatsächlich auf dem richtigen Weg war.

Ingos Kompagnon Martin Strube nahm mich und mein Schuldenchaos in die Hand. Endlich hatte ich jemanden in meiner Seite, der mir Mut machte und mir die richtigen Wege aus dem Sumpf zeigen konnte.

Systematisch ging Strube mit mir die Stapel an Rechnungen durch und war anfangs mehr als erstaunt über ihre ungeheure Menge. Obwohl ich die Rechnungen erst seit ein paar Monaten sammelte – die alten hatte ich bei meinen Umzügen zurückgelassen oder einfach weggeschmissen –, hätte ich allein mit meinen Bußbescheiden vom Polizeipräsidenten ein Fußballfeld auslegen können. Irgendwann bekam ich bloß noch Sammelbescheide, in denen ein Dutzend Aktenzeichen aufgezählt wurden. Unter Strubes Einfluss legte ich mir erstmals Ordner an und sortierte mein Leben.

«Du wirst nicht drum rumkommen, den Führerschein nochmal zu machen», mahnte er außerdem. «Ansonsten wirst du das Fahrverbot nicht mehr los.» Also habe ich den Führerschein komplett neu gemacht.

«Die Gerichte und Inkassounternehmen werden erst Ruhe geben, wenn du deinen guten Willen zeigst», meinte Strube weiter. Er vereinbarte mit den Gerichten Vergleiche. Ich konnte zwar nicht die gesamten Schulden auf einmal zahlen, aber wenigstens wurde mir Ratenzahlung zugestanden. Noch heute habe ich die handgeschriebenen «Entschuldigungsbriefe», die ich an diverse Gläubiger gefaxt habe. Darin bat ich «hochachtungsvoll» um Ratenzahlung und überwies zum Beweis meiner Gutwilligkeit 300 Mark.

Es half.

Die Besuche der Gerichtsvollzieher wurden seltener. Allmählich sah ich Land. Doch wie aus dem Nichts tauchten immer wieder fast vergessene Strafen auf. Irgendwann blieb mir nichts anderes übrig, als eine eidesstattliche Erklärung abzugeben, dass ich momentan nicht in der

Lage war, meine Schulden zu zahlen. Ich ging zum Rathaus Neukölln und habe alles offen gelegt. Damit war ich nicht mehr kreditwürdig und stand ohne Konto da, aber es war die einzige Lösung.

Ich war an einem Nullpunkt angekommen und musste wieder ganz von vorn anfangen. Es dauerte Jahre, bis ich die 60 000 Mark Schulden ein für alle Mal getilgt hatte.

Aber ich habe es geschafft.

Immer wenn ich die alten Rechnungen beglich, erinnerte ich mich an die dazugehörige Geschichte. Wenn ich die Stromrechnungen bezahlte, dachte ich an die dunkle kalte Zeit in meiner Altbauwohnung in Friedrichshain.

Ich zahlte Shirleys Mantel, als er wahrscheinlich schon längst als unmodern abgelegt und von Motten zerfressen war.

Die Raten für das mobile Kastentelefon waren abgezahlt, als dieses Modell wohl schon im Technikmuseum stand.

Die Strafe für die Körperverletzung an dem rassistischen Tankwart zahlte ich, als ich gelernt hatte, dass Rassismus im Alltag immer mehr zunahm.

Die Kredite für die Möbel und technischen Geräte waren getilgt, als die Dinger schon lange auf dem Schrottplatz lagen.

Die wilde Zeit nach dem Mauerfall war nun endgültig vorbei. Die Möglichkeiten, die helfenden Hände, die sich mir boten, habe ich dankbar ergriffen. Dabei hatte ich viel Glück. Und oft hatte ich das unbestimmte Gefühl, dass mich meine tote Mutter beschützte.

Ich habe in diesen rauschhaften neunziger Jahren Fehler gemacht, viele Fehler, aber heute kann ich wenigstens sagen: Ich habe dafür geradegestanden. Meine materiellen Schulden sind bezahlt.

Die seelischen Wunden, die ich bei vielen, die mir nah waren, hinterlassen habe, tun mir unendlich Leid. Ich kann sie nicht ungeschehen machen, möchte aber die Menschen, denen ich das angetan habe, um Verzeihung bitten. Die einzige Entschuldigung, die ich habe, ist, dass ich oft selbst nicht wusste, wie es weitergehen soll. Aber an meinem eigenen Beispiel glaube ich zeigen zu können: Wenn man etwas möchte, schafft man es. Wer sich dem Kampf gegen seine Fehler stellt, geht gestärkt daraus hervor.

«DER WEG NACH OBEN»

Jetzt ging es endlich aufwärts. Nicht über Nacht, aber doch stetig. Und das Beste war: Ich konnte das tun, was mir am meisten lag: tanzen und unterrichten. Langsam, aber sicher wurden meine Aufträge lukrativer und meine Kontakte immer besser.

Der Weg war frei, und ich scheute mich nicht, hart zu arbeiten, um meine Versäumnisse allesamt wieder aufzuholen. Schließlich gab es da eine Menge zu tun.

Aber es gab Probleme, die waren nicht so einfach zu beseitigen wie finanzielle Altlasten: Bei der Bundeswehr war man nach wie vor davon überzeugt, dass aus mir ein guter Soldat werden könnte. Für solche Spielchen hatte ich nun wirklich keine Zeit. Mit Hilfe des Vereins «Gegen die Wehrpflicht» versuchte ich gegen meine Einberufung vorzugehen. Als dann der endgültige Einberufungstermin kam, war ich längst 27 und damit aus dem Schneider.

Wenn ich mir vorstelle, was ich alles verpasst hätte, wenn ich für eine Weile in einer Kaserne verschwunden wäre …

Die Showbranche hat keine Zeit, sie ist schnelllebig und kann nicht warten.

Gleich nach meinem 27. Geburtstag, im Sommer 1997, arbeitete ich in Lübeck für «Michaela» beim deutschen Vorentscheid für den «Grand Prix Eurovision». Das war eine spannende Sache, immerhin ging es hier darum, wer am Ende für Deutschland die Kastanien aus dem Feuer holen würde. Es wimmelte von Stars und vielen wichtigen Leuten aus der Branche. Eines Abends lernte ich dort die Tänzerin Katja Pritzel vom «Ballett Centrum» am Ku'damm in Berlin kennen. «Ballett Centrum»! Das war für mich der Tempel der Heroen. Dort tanzten nur die Besten der Branche. Ich wusste gar nicht, wohin vor Stolz, als Katja Pritzel mich bat, ihre Schwangerschaftsvertretung zu übernehmen. Ich sollte Street-Dance-Kurse geben. Was für eine Chance!

Doch als der Tag der ersten Stunde heranrückte, bekam ich Angst vor meiner eigenen Courage. Die neue Größenordnung schreckte mich gewaltig – in dieser Liga hatte ich einfach noch nicht gespielt. Verzweifelt suchte ich nach einem Ausweg. Sollte ich mich krank melden? Absagen? Ich fiel zurück in eine alte Verhaltensweise: Ich tauchte einfach ab. Ich stellte meine Telefone aus und verkroch mich. Dass etwa 30 Leute auf mich warteten, die alle ihren Kurs bezahlt hatten und unterrichtet werden wollten, verdrängte ich. Nicht daran denken, war meine Devise, wie schon oft.

Aber ich konnte mich ja nicht ewig verstecken, und nach ein paar Tagen erreichten mich die Leute vom «Ballett Centrum» trotzdem. Sollte ich etwa zugeben, dass ich Schiss gehabt hatte? Ich entschied, mich hinter einer Lüge zu verkriechen: «Was, das war schon am Donnerstag? O Mann, das tut mir total Leid, ich dachte, es wäre erst nächste Woche.»

Ob sie mir glaubten oder nicht, jedenfalls waren sie großzügig und gaben mir noch eine Chance. Das nächste Mal erschien ich pünktlich und packte den Stier bei den Hörnern. Es wurde eine spannende Zeit.

Wieder hatte ich etwas dazugelernt. Jede Herausforderung, der man sich stellt, bringt einen weiter, und letztlich ist es unwichtig, ob die Sache nun gut oder schlecht ausgeht.

Ich unterrichtete jetzt immer mehr – nicht nur meine eigene «Junior Company», sondern auch im «Dance Point» bei Carola Häberer. Mit ihrer Hilfe hatte ich meinen Einstand in der Schlagerbranche. Eine neue Tür hatte sich geöffnet, und ich ging mit Freuden hindurch.

Bald tanzte ich für Schlagerstars wie Nadja Tiller oder Elisabeth Volkmann.

Ein Projekt aus dieser Zeit werde ich nie vergessen, denn es hat besonders viel Spaß gemacht. Ich sollte die «Wildecker Herzbuben» coachen. Es war genauso lustig, wie es sich anhört. Wir trafen uns beim «Herbstfest der Volksmusik» in Erfurt. Diese beiden korpulenten Herren tanzen bekanntlich selbst weniger. Sie boxen höchstens mal in die Luft oder wackeln mit ihren Beinen. Umso wichtiger waren die Hintergrundtänzer. In Erfurt präsentierten die Herzbuben eine Techno-Version ihrer Hits, und wir richteten eine passende Choreographie dafür aus. Wir haben unendlich viel gelacht und am Ende eine wunderbare Performance gestemmt. Und die beiden haben auch ein bisschen mitgewippt.

Mit meinen Freunden von «Dance Collection» probierte ich allerhand aus, wir gründeten ein paar Bands, die aber allesamt eher laienhaft blieben. Das einzige Mal, dass ich mit einer Band wirklich Erfolg hatte, war mit «D!Nation», wir landeten immerhin mal auf Platz 19 der deutschen Charts. Doch das war viel später, im Jahr 2003, als ich schon durch das Fernsehen bekannt war – einen Grammy Award haben wir aber auch dafür nicht bekommen.

Mit der Zeit lernte ich die Musikbranche sehr gut kennen. Wenn es dann um Fernsehauftritte von Bands ging, wurde ich zunehmend als Choreograph angefragt. Ob nun Melanie Thornton, Natasha Thomas, Modern Talking, Jeanette Biedermann oder Sarah Connor – ich durfte für sie alle Choreographien entwickeln und diese dann mit ihnen einstudieren.

Ich arbeitete unermüdlich, kam kaum noch zur Ruhe und wollte mir und der Welt beweisen, dass es auf einem Lebensweg nur selten Hindernisse gibt, die unüberwindbar sind. Die Fernsehshows wurden immer namhafter, von «The Dome» über «Top of the Pop's» bis «Wetten, dass?» war fast alles dabei. Bei der Castingshow «Popstars» war ich dann nicht nur Coach, sondern auch Jurymitglied. Ich verhalf jungen Menschen zum Erfolg. Die «No Angels» und «Bro'Sis» sind die besten Beispiele.

Ich hatte viel erreicht.

Der große Durchbruch in die weite Welt der Massenmedien war tatsächlich mit Philip Eisenbergs Anruf und dem Auftrag für «Top of the Pops» gekommen. Daraus wurde dann der Riesenhit von «Eiffel 65», «Blue».

Ihr erinnert euch: «Yo, listen up, here is the story …»

Meine Story … Eine Story mit ziemlich vielen Hochs und Tiefs. Eine Story, an der nichts geschönt ist. Mein Leben. An dieser Stelle könnte ich eigentlich aufhören, oder? Viele Abenteuer sind bestanden, eine Menge Täler überwunden, und der Erfolg steht ins Haus. Ich habe viele Pläne.

Aber da gibt es noch ein Wunder, von dem ich gerne erzählen möchte. Das Wunder, das mir die Kraft gegeben hat, mich meiner Geschichte zu stellen und dieses Buch zu schreiben.

«EIN WUNDER ZUM SCHLUSS»

Das mit der Liebe war mir mal wieder aus dem Ruder gelaufen. Wie ein Wiederholungstäter machte ich auch in der Beziehung mit Heike die gleichen Fehler. Lange Zeit hatte alles so gut ausgesehen mit uns beiden. Doch statt es zu genießen und mich endlich mal zu entspannen, wurde ich wieder unruhig. Angst. Was, wenn die Idylle zusammenbräche? Würde sie mich verlassen?

Ich habe das Gefühl, dass meine Verlustängste immer in Zerstörung enden, auch in Selbstzerstörung. Statt meine Liebe zu Heike zu schützen, stürzte ich mich in eine andere Geschichte. Ich entdeckte meine Tänzerin Ines neu. Als sehr gute Freundin kannte ich sie schon seit Jahren, sie hatte lange in unserer «Junior Company» getanzt. Ich wusste, dass man sich auf sie immer verlassen konnte, und ich vertraute ihr. Doch nun sah ich sie das erste Mal als attraktive Frau. Ich kann es nicht erklären, woher das plötzlich kam, aber ich verliebte mich in Ines.

Ines tat mir gut, sie unterstützte mich immer nach Kräften. Und sie erkannte etwas, was ich mir selber nicht einzugestehen wagte. Sie erkannte den Grund meiner Unruhe und Rastlosigkeit. Da war noch etwas in meinem Leben, mit dem ich aufzuräumen hatte. Erfolg hin oder her, meine völlig verworrene Vergangenheit spukte wie ein Schreckgespenst durch mein Leben. Ich wusste noch immer nicht genau, woher ich eigentlich kam und wohin ich gehörte. Vielleicht war ich deshalb Tänzer geworden – immer einen Fußbreit über dem Boden, weil ich keine Wurzeln hatte, die mich hielten.

Aber noch konnte ich Ines Drängen nicht nachgeben. Ich war noch nicht bereit. Erst mal interessierte mich der Erfolg. Und der kam. Das Jahr 2000 war ein Meilenstein in meiner Karriere: Die Castingshow «Popstars» wurde bei «Pro Sieben» ins Leben gerufen und ich wurde als Tanzcoach engagiert. Als Coach musste ich über Wochen das Beste aus den jungen Talenten herausholen, sie gnadenlos antreiben, sich noch mehr und noch mehr anzustrengen. Das war für alle Beteiligten oft eine Quälerei. Aber als wir dann am Ende gemeinsam den Erfolg sahen, waren wir ein Stück zusammengewachsen.

Aus der ersten Staffel ging die Mädchenband «No Angels» hervor. Eine Sensation in der Popgeschichte. Die Mädchen eroberten in Rekordzeit die Charts. Millionen Zuschauer hatten über Monate die Entstehung einer Band verfolgt.

Da meine Arbeit als Coach von der Kamera begleitet wurde, war auch ich plötzlich bekannter als zuvor. Es brauchte seine Zeit, bis ich mich daran gewöhnt hatte, dass ich mich nicht mehr anonym in der Öffentlichkeit bewegen konnte. Wenn ich es mal für einen Moment vergaß oder einfach nur meinen Gedanken nachhing, wurde ich oft aus heiterem Himmel angesprochen. Wildfremde Menschen wollten Autogramme. Plötzlich kannten sehr viele Leute mein Gesicht.

Doch all die zuweilen weniger angenehmen Begleiterscheinungen meiner Popularität ertrage ich mit Fassung, denn ich habe ihr etwas Großartiges zu verdanken. Die Arbeit bei «Popstars» hat mir das schönste Geschenk meines Lebens bereitet:

Wir saßen während der Tour-Vorbereitung der «No Angels» im Landgasthof Hirsch in Finningen. Wie jeden Tag brachte Joy, die Managerin, die Fanpost für die Mädels und das Team. «Detlef, das hier solltest du mal lesen», sagte sie und reichte mir einen Brief mit der dicken Überschrift «Dies ist keine Fanpost!».

Was sollte denn das bedeuten? Bevor ich mich lange wunderte, las ich weiter. «Schau mal auf den Absender», stand da. Ich las: «Patricia Osei Kofi». Osei Kofi? Den Namen hatte ich doch schon mal gehört. Hieß nicht mein Vater Osei Kofi? Ich merkte, wie meine Hände zu zittern begannen. Ich legte den Brief vor mich auf den Tisch und las weiter. Was ich da erfuhr, klingt wie ein Märchen, aber es ist wahr:

Patricia hatte gemeinsam mit einer Freundin die «Popstars»-Sendung mit den «No Angels» im Fernsehen verfolgt. Plötzlich hatte ihre Freundin fast beiläufig gesagt: «Guck mal, findest du nicht, dass der aussieht wie dein Bruder Stokely?» Patricia wollte diese Bemerkung erst unter der Rubrik «Typisches Klischee: Alle Schwarzen sehen gleich aus» verbuchen, musste aber zugeben, dass auch sie eine gewisse Ähnlichkeit zwischen Stokely und dem Mann im Fernsehen entdeckte. Doch mehr sagte sie nicht dazu. Still wartete sie auf den Abspann und las «Detlef D! Soost». War das nicht der verlorene Sohn?

Ihre Mutter, Hannelore Osei Kofi, hatte schon seit langem gewusst, dass ihr Mann einen unehelichen Sohn mit diesem Namen hatte. Doch sie hatte immer nach Detlef

Soest, geschrieben wie die Stadt, geforscht. Deshalb hatte sie ihn nie ausfindig machen können ...

Patricia beendete ihren Brief damit, dass sie, ihr Bruder und ihre Mutter mich gern kennen lernen würden, und wenn ich auch neugierig wäre, sollte ich sie anrufen.

Ohne ein Wort zu den anderen sprang ich auf und rannte in mein Hotelzimmer. Ich knallte die Tür hinter mir zu und ließ mich aufs Bett fallen. Sprang wieder auf. Dann setzte ich mich wieder und las den Brief noch einmal. Und danach noch einmal.

Ich schwitzte, gleichzeitig wurde mir ganz kalt. Ich zitterte am ganzen Körper, und mein Herz schlug mir bis zum Hals. Ich hatte nie darüber nachgedacht, dass ich noch Geschwister haben könnte. Da mein Vater nie versucht hatte, Kontakt mit mir aufzunehmen, hatte auch ich keine Bemühungen dieser Art gemacht. Ein Vater, der nicht zu mir stand, existierte für mich nicht.

Aufgeregt lief ich in meinem Zimmer hin und her und wusste nicht, was ich machen sollte. Ich rief Ines an und erzählte ihr von dem Brief. Sie fing an zu weinen vor Freude und sagte immer wieder: «Das ist doch schön. Du hast eine Familie, wie du es dir immer gewünscht hast.» Jetzt plötzlich, als wäre ein Knoten geplatzt, liefen mir die Tränen still aus den Augen. Ines hatte Recht. Irgendwo hatte eine Wurzel tief in der Erde vergraben gelegen und überlebt.

Ines ermunterte mich, bei der Familie Osei Kofi anzurufen. Einen kurzen Moment lang hatte ich Angst. Wollte ich denn mit denen zu tun haben? Aber Patricia hatte ja geschrieben, dass sich dieser Teil der Familie offensichtlich immer bemüht hatte, mich kennen zu lernen. Anders als mein Vater, der mir scheinbar lieber aus dem Weg ging.

Ich beschloss anzurufen. Ich wollte Gewissheit haben. Es stellte sich heraus, dass eine Verwechslung ausgeschlossen war. Es stimmte einfach alles. Ihr Vater Guggisberg Osei Kofi war Arzt und hatte mehrere Jahre in Berlin gelebt. Genau wie mein Vater. Ich erfuhr, dass die Familie noch in den siebziger Jahren in den Westen ausgereist war und nun in Trier lebte. Hannelore und Guggisberg hatten sich später getrennt und Guggisberg war Ende der neunziger Jahre wieder in seine Heimat Ghana zurückgekehrt.

Ich sprach zuerst mit Patricia und dann mit Hannelore, ihrer Mutter. Sie war von Anfang an herzlich zu mir. Ich hatte erwartet, dass sie Vorbehalte gegen mich hätte, weil ich doch das Ergebnis eines Fehltritts ihres Mannes war. Aber nichts. Sie war wirklich neugierig auf mich. Auch ich hatte Tausende Fragen, die sie gar nicht alle auf einmal beantworten konnten. Wir versprachen, uns so schnell wie möglich zu treffen. Der früheste Termin, den ich inmitten all der «Popstars»-Veranstaltungen finden konnte, war jedoch leider erst eine Woche später. Aber dann würde ich kommen.

Ich war wahnsinnig nervös, als ich im Flieger saß. Wie sie wohl sein würden? Ob sie mich wohl mochten? Was würde ich erfahren? Über meinen Vater, meine Familie?

Sie holten mich alle drei vom Flughafen ab: meine Schwester, mein Bruder und Hannelore. Von der ersten

Begegnung an spürte ich eine warme Nähe. Ohne zu überlegen, völlig aus dem Bauch heraus, gingen wir aufeinander zu und haben uns umarmt. Es war unglaublich. Es war, als ob ich einen Teil der Last meiner Kindheit ablegen würde. Ich fühlte mich auf einmal erleichtert. Endlich angekommen.

Als wir mit dem Auto zu ihrer Wohnung fuhren, habe ich ein bisschen aus meinem Leben erzählt. Nicht viel, alles nur in Kurzform. Und doch hat mir Hannelore hinterher gebeichtet, wie froh sie gewesen war, dass es dunkel war und ich ihre Tränen nicht sehen konnte. Es hat sie sehr berührt, dass ich wegen der Krankheit meiner Mutter schon als Kind auf mich allein gestellt gewesen war. Doch vor allem, dass ich so lange ins Kinderheim musste, hat sie erschüttert. Sie war richtig verzweifelt. «Hätte ich es gewusst, ich hätte dich zu uns genommen», sagte sie.

Ich war sprachlos. In meinem Kopf drehte sich alles. Was wäre aus mir geworden, wenn mein Vater meine Existenz nicht verleugnet hätte? Was wäre aus mir geworden, wenn ich statt im Heim in einer Familie, in meiner Familie, aufgewachsen wäre? Hätte ich dann auch wie sie im Westen gelebt? Wäre ich trotzdem Tänzer geworden?

Lauter Fragen mit «hätte» und «wäre». Alles Möglichkeiten. In dem Moment, als ich der vielen verpassten Gelegenheiten gewahr wurde, bekam ich eine ungeheure Wut auf meinen Vater. Wieso hatte er mir das angetan? Wieso hatte er sich nie nach mir erkundigt? Ich war als Waise aufgewachsen, obwohl mein Vater lebte.

Doch jetzt saß ich hier, bei Leuten, die alle glücklich waren, dass es mich gab. Meine bösen Gedanken an die Vergangenheit waren schon im nächsten Moment durch ihre vorurteilsfreie Zuneigung wie weggewischt. Ich wollte jetzt mit ihnen glücklich sein.

Alle erzählten, und jeder stellte Fragen – es ging bunt durcheinander. Wir wollten alles voneinander wissen.

Ich erfuhr an diesem Abend, dass meine Mutter nicht der einzige Seitensprung meines Vaters geblieben war. Aber Hannelore erzählte dies nicht mit Bitterkeit, sondern mit einer beeindruckenden Würde. Sie erklärte mir, dass ihr christlicher Glaube ihr viel Kraft gegeben hatte, dies auszuhalten. Dennoch war die Ehe irgendwann zerbrochen. Mein Vater war offenbar nie ganz in Deutschland heimisch geworden. Afrika, insbesondere seine Heimat Ghana, hatte er immer vermisst. Das Heimweh war irgendwann so stark gewesen, dass er nach Ghana zurückging.

Mein Bruder Stokely ist etwas älter als ich. Hannelore und Guggisberg waren schon verheiratet, als er die Liaison mit meiner Mutter begann. Wahrscheinlich wusste meine Mutter nichts davon. Und Hannelore gegenüber hatte er stets geleugnet, meine Mutter zu kennen. Aber irgendwann hat Hannelore dann doch von meiner Existenz erfahren.

Stokely ist Architekt und arbeitet in seiner Freizeit als DJ. Meine Schwester ist über zehn Jahre jünger als ich, sie ist ein typisches Nesthäkchen. Sie hat eine wunderschöne Stimme und studiert heute Gesang an der Musikhochschule.

Wie schnell entdeckten wir unsere Gemeinsamkeiten: Nicht nur, dass wir drei natürlich eine dunkle Hautfarbe haben, wir arbeiten alle in künstlerisch-kreativen Berufen und lieben die Musik. In keinem Moment fühlte ich mich fremd bei Osei Kofis. Offenbar gibt es tatsächlich die Bande des Blutes. Ich hatte eine Familie!

Schon bei meinem ersten Besuch habe ich mich, wie meine Geschwister, als Hannelores Kind gefühlt. Es war ganz natürlich und überhaupt nicht fremd. Hannelore lachte, nahm mich in den Arm und sagte: «Ich bin jetzt auch deine Mutter.»

Das Jahr 2001 krönte dann ein wundervolles Weihnachtsfest mit meiner neuen Familie in Trier. Gemeinsam gingen wir in die Kirche, wo Patricia für alle sang. Ihre Sopranstimme hallte in der großen Kirche wider, dass ich sie im ganzen Körper spüren konnte. Ich bin überhaupt nicht christlich geprägt, doch dieser Moment hatte für mich etwas wahrhaft Heiliges. Meine neue Mutter, mein Bruder und ich saßen in einer Reihe und konnten unsere Tränen der Rührung und des Glücks nicht mehr zurückhalten. Wir fassten uns an den Händen und genossen diesen Moment.

Bei diesem Weihnachtsfest lernte ich auch noch Hannelores Mutter und verschiedene Cousins und Cousinen kennen. Niemand gab mir das Gefühl, fremd zu sein. Es war, als ob ich schon immer dazugehörte. Wir haben gemeinsam gelacht und gesungen. Es war einfach nur schön.

Ich erinnerte mich an die vielen vergangenen Weihnachtsfeste meines Lebens, im Kinderheim oder bei den Eltern meiner Freundinnen. Auch wenn es zum Teil angenehme Erinnerungen waren, konnte ich nun erleben, was ich immer geahnt hatte: Sosehr sich auch alle bemühen, Weihnachten ist am schönsten mit der Familie.

Ich hatte ein Zuhause gefunden.

Jetzt habe ich eine Familie, die immer für mich da ist, wenn ich sie brauche.

Eine Familie? Da war doch noch was…

Ich war glücklich. Meine Schulden waren abgezahlt, meine Schufa-Einträge waren gelöscht, mein Leben steuerte in ruhigeres Fahrwasser. Die Turbulenzen der letzten Jahre waren vorbei.

Doch als ich Silvester in meiner Wohnung saß und ein Resümee des vergangenen Jahres zog, spürte ich, dass es da doch noch etwas gab, was nicht in Ordnung war.

Niemand außer mir selbst konnte das klären. Es ging um Evy. Ich hatte mich nie wieder bei ihr gemeldet. Meine Schulden bei ihr hatte ich nicht bezahlt.

Viele Jahre waren verstrichen und jetzt war ich endlich in der Lage ihr das Geld zurückzugeben. Jetzt wollte ich mit diesem dunklen Kapitel abschließen.

Über die Telefonauskunft bekam ich ihre Nummer. Ich rief an. «Hallo, hier ist Detlef. Ich würde gern bei dir vorbeikommen. Geht das?» Meine Schwester schien ganz erschrocken und sagte nur: «Ja klar, komm her.»

Ich machte mich an diesem frühen Silvesterabend gleich auf den Weg zu Evy. Mit bangem Herzen stand ich vor der Tür. Sie empfing mich freundlich, aber auch ein wenig verschlossen. Ich kann es ihr nicht verdenken, schließlich hatte ich sie um ihre gesamte Abfindung betrogen und mich jahrelang nicht gemeldet. Obwohl meine Schwester durch die Medien sicher mitbekommen hatte, dass ich inzwischen gut im Geschäft war und sicher nicht mehr unter Geldnot litt, hätte sie kein zweites Mal um ihr Geld gebeten. Da sind wir uns ähnlich, wir haben Stolz.

Ich legte ihr das Geld auf den Tisch und faselte irgendeine Entschuldigung. Die ganze Situation war mir derart peinlich, dass ich es nicht wagte, ihr in die Augen zu sehen. Meine Fassade aus Coolness wäre dann vermutlich zusammengefallen wie ein Kartenhaus.

Wir saßen uns gegenüber und wussten nicht, was wir reden sollten. Ich fragte nach meinen Nichten. Sie fragte, wie es mir ginge. Aber meine Scham saß an diesem Abend zwischen uns und lähmte mich.

Einerseits war ich froh, dass Evy überhaupt mit mir sprach. Ich hätte es ihr nicht übel genommen, wenn sie mich achtkantig rausgeschmissen oder mich mit Schimpftiraden überschüttet hätte. Andererseits fühlte ich mich unwohl. Ich schämte mich, dass ich sie belogen hatte, aber mehr noch schämte ich mich merkwürdigerweise für das Glück, das ich in den letzten Jahren gehabt hatte. Ich hatte einen Beruf, den ich liebte und in dem ich Erfolg hatte, außerdem hatte ich meine neue Familie gefunden. Das Leben war gut zu mir. Doch Evy und mich verbanden so viele traurige Erlebnisse. Bei dieser Begegnung am letzten Tag des Jahres 2001 dachte ich an ihren Vater, der nach meiner Geburt ausgezogen war, ich dachte an unsere kranke Mutter und daran, dass Evy früh die Last allein getragen hatte. Ich hielt diese Gedanken nicht aus. Ich wollte nicht mehr an meiner Vergangenheit leiden, ich wollte endlich glücklich sein.

Ich verabschiedete mich schnell. Evy lud mich ein, sie doch wieder zu besuchen, vielleicht zu ihrem 40. Geburtstag, den sie bald feiern würde. «Ja, klar komme ich», sagte ich und ging eilig davon.

Ich ging nicht zu ihrem Geburtstag. Auch wenn ich

neugierig auf meine Nichten Sandy und Patricia war, traute ich mich nicht. Es sollte noch ein paar Jahre dauern, bis ich den Mut fand, meiner Schwester wieder aufrecht zu begegnen.

«EIN BLICK VORAUS»

Ein Teil, statistisch gesehen die Hälfte, meines Lebens liegt hinter mir. Ich kann sagen, ich bin stolz. Es war das Tanzen, das mich bis hierher gebracht hat. Das Tanzen half mir, auf Höhenflügen die Erde nicht aus dem Blick zu verlieren. In den tiefen Tälern war es das Tanzen, das mir die Energie gab, mich auf den Weg nach oben zu machen. Bei allem, was ich erlebt habe, war mir Tanzen stets der treueste Begleiter, meine Motivation.

Solange ich tanze, lebe ich. Es ist das, was ich am besten kann.

Meine Zukunft sehe ich in meinem «D!s Coach & Casting Center». Auch wenn ich nach wie vor als Coach und Choreograph von Künstlern arbeite, ist es meine Mission, mein Wissen weiterzugeben.

Jeder Tänzer fragt sich ab 30 nach seiner Perspektive. Wie fast alle, habe auch ich die typischen Knieprobleme. Fast zwei Jahrzehnte harten Trainings gehen an keinem spurlos vorüber. Die Anlässe, bei denen ich selbst auftrete, sind mittlerweile exklusiv und mit Sorgfalt gewählt. Aber nicht nur aus Rücksicht auf meinen Körper musste ich das Tanzen einschränken. Es sind die vielen neuen Aufgaben und Ziele, die ich habe, die viel von meiner Zeit in Anspruch nehmen.

Mir liegt daran, gute Mitarbeiter in meiner Firma «XXL events» auszubilden, damit die Firma auch in Zukunft ein Markenzeichen bleibt.

Die Idee meiner Tanzschule möchte ich mit meinem Konzept «D!s Dance Club» weitertragen. Trainer, die in meiner Tanzschule ausgebildet werden, bringen meine Choreographien in unsere weit über 100 Partnerschulen in Deutschland, Österreich und der Schweiz.

Für diese Partnerschulen werde ich regelmäßig Workshops veranstalten, um vielen jungen Menschen die Freude und die Begeisterung am Tanzen zu vermitteln. Und um ihnen zu zeigen, was in ihnen steckt. Um sie anzuspornen, alles zu geben, und noch mehr. Um die Kraft in ihnen zu wecken, sich dem Leben zu stellen. Um frei zu werden. Um sie selbst zu werden.

Jedes Mal, wenn ein Raum mit Hunderten tanzbegeisterten Jugendlichen zu beben beginnt, läuft es mir eiskalt den Rücken runter, auch wenn ich literweise schwitze. Diese Energie, die in diesem Moment entsteht, kann Berge versetzen.

Neben meiner Arbeit als Motivator, Coach, Choreograph und Tänzer möchte ich auch weiterhin meine Ideen für große Shows aller Art realisieren. Mein Traum ist es, eine eigene Tanzshow zu kreieren und auf Tournee zu gehen. Vielleicht bleibt es nur ein Traum, das weiß allein der Wind.

Doch eins weiß ich: Solange ich lebe, werde ich im Herzen ein Tänzer sein.

Und während ich für die Zukunft so viele Pläne habe, will ich doch eins nicht aus dem Blick verlieren:

Ich habe begriffen, dass ich mich trotz der Erfolge, die mir das Tanzen eingebracht hat, mit meiner Vergangenheit versöhnen muss. Nur so werde ich mich wirklich frei fühlen können.

Bis hierher habe ich versucht, die Puzzleteile richtig zusammenzusetzen. Ich fuhr an die Orte meiner Kindheit, wühlte in Jugendamtsakten, las staubige Dokumente und befragte Leute, die mich einen Teil meines Weges begleitet haben. Mit aller Kraft habe ich den Mantel des Vergessens zur Seite geschoben und nach Spuren geforscht. Diese Reise in die Vergangenheit hat mir schließlich auch wieder eine neue Brücke zu meiner Schwester Evy und ihren Töchtern gebaut. Ich wünsche mir, dass wir uns nie wieder aus den Augen verlieren.

Ich habe die Gefühle von damals noch einmal durchlebt. Oft war ich verzweifelt und wollte meine Spurensuche abbrechen. Doch ich hatte mir vorgenommen, diesen Weg bis zum Ende zu gehen. Wenn ich eines Tages hoffentlich selbst Kinder habe, möchte ich ihnen von meinem Leben erzählen können – nicht nur in Bruchstücken, sondern alles.

Inzwischen habe ich einen großen Teil des Weges hinter mir. Aber ich bin noch nicht am Ziel. Das, wovor ich lange zurückschreckte, ist die Begegnung mit meinem Vater. Ein einziges Mal habe ich bisher mit ihm telefoniert, und damals konnte ich kaum sprechen. Groll und Bitterkeit schnürten mir die Kehle zu.

Ich habe lange mit mir gerungen, ob ich ihm begegnen möchte. Doch die Beschäftigung mit meinem Leben, mit allem, was dazu gehört, hat mich überzeugt: Ich muss mich mit meiner Vergangenheit aussöhnen, wenn ich die

Zukunft erleben möchte. Dazu zählt auch eine Versöhnung mit meinem Vater, im wortwörtlichen Sinn.

Es ist Freitag. Vor mir liegt das Flugticket nach Ghana. Um 9.15 Uhr geht der Flieger, der mich zu meinem Vater bringen wird. Das erste Mal.

Ich werde den Weg zu Ende gehen.

Ich danke all den Menschen, die mich auf meiner Reise in die Vergangenheit begleitet und unterstützt haben:
Anne Bubenzer, Grit und Heidemarie Jokschies,
Ines Scaruppe, Evelyn Schaedler, Anna Scheer,
Waltraut-Eva und Horst Schenk, Brigitte Kolbus